noix

noisettes, pacanes, amandes...

Création des recettes et direction éditoriale : Tina Salter
Rédaction : Steve Siegelman
Direction et conception artistique : Madeleine Corson Design
Stylisme : Sandra Cook
Accessoires : Sara Slavin
Traduction : Françoise Schetagne

Catalogage avant publication de la Bibliothèque nationale du Canada

Salter, Tina

Noix, noisettes, pacanes, amandes

(Tout un plat !)
Traduction de : *Nuts*.

1. Cuisine (Noix). 2. Cuisine (Noisettes). 3. Cuisine (Pacanes). 4. Cuisine (Amandes). I. Titre. II. Collection.

TX814.S2514 2003 641.6'45 C2003-940412-9

Pour en savoir davantage sur nos publications,
visitez notre site : **www.edhomme.com**
Autres sites à visiter : www.edjour.com • www.edtypo.com
www.edvlb.com • www.edhexagone.com • www.edutilis.com

L'ouvrage original américain a été publié
par Ten Speed Press
sous le titre *Nuts: Sweet and Savory Recipes from Diamond of California*

Dépôt légal : 2e trimestre 2003
Bibliothèque nationale du Québec

ISBN 2-7619-1771-5

DISTRIBUTEURS EXCLUSIFS :

- Pour le Canada
  et les États-Unis :
  MESSAGERIES ADP*
  955, rue Amherst
  Montréal, Québec
  H2L 3K4
  Tél. : (514) 523-1182
  Télécopieur : (514) 939-0406
  * Filiale de Sogides ltée

- Pour la France et les autres pays :
  VIVENDI UNIVERSAL PUBLISHING SERVICES
  Immeuble Paryseine, 3, Allée de la Seine
  94854 Ivry Cedex
  Tél. : 01 49 59 11 89/91
  Télécopieur : 01 49 59 11 96
  Commandes : Tél. : 02 38 32 71 00
  Télécopieur : 02 38 32 71 28

- Pour la Suisse :
  VIVENDI UNIVERSAL PUBLISHING SERVICES SUISSE
  Case postale 69 - 1701 Fribourg - Suisse
  Tél. : (41-26) 460-80-60
  Télécopieur : (41-26) 460-80-68
  Internet : www.havas.ch
  Email : office@havas.ch
  DISTRIBUTION : OLF SA
  Z.I. 3, Corminbœuf
  Case postale 1061
  CH-1701 FRIBOURG
  Commandes : Tél. : (41-26) 467-53-33
  Télécopieur : (41-26) 467-54-66
  Email : commande@olf.ch

- Pour la Belgique et le Luxembourg :
  VIVENDI UNIVERSAL PUBLISHING SERVICES BENELUX
  Boulevard de l'Europe 117
  B-1301 Wavre
  Tél. : (010) 42-03-20
  Télécopieur : (010) 41-20-24
  http://www.vups.be
  Email : info@vups.be

Gouvernement du Québec – Programme de crédit d'impôt pour l'édition de livres – Gestion SODEC.

L'Éditeur bénéficie du soutien de la Société de développement des entreprises culturelles du Québec pour son programme d'édition.

Nous reconnaissons l'aide financière du gouvernement du Canada par l'entremise du Programme d'aide au développement de l'industrie de l'édition (PADIÉ) pour nos activités d'édition.

tout un plat !

noix

noisettes, pacanes, amandes...

Diamond of California

Tina Salter

Steve Siegelman

Photos des recettes : Holly Stewart

Photos extérieures : Robert Holmes

LES ÉDITIONS DE L'HOMME

Les noix, nos alliées naturelles pour une meilleure santé

Avant la découverte de l'agriculture, l'être humain trouvait plusieurs aliments dans la forêt et les noix faisaient partie des denrées les plus précieuses de sa cueillette. Ces fruits poussaient déjà dans plusieurs régions du globe et avaient le mérite de pouvoir se conserver très longtemps grâce à leur coque protectrice. L'instinct de nos ancêtres était juste puisque les recherches modernes en diététique confirment que les noix devraient tenir une place de choix dans notre alimentation. Les noix sont une excellente source d'arginine, un acide aminé qui joue un rôle protecteur pour les vaisseaux sanguins en plus de diminuer le taux de cholestérol sanguin. La plupart des protéines d'origine animale renferment très peu d'arginine. Les noix contiennent aussi de la vitamine E et, en quantité moindre, un puissant antioxydant, le gamma-tocophérol. Elles fournissent aussi du potassium, du phosphore, du magnésium, du cuivre, du zinc, du calcium ainsi que des fibres.

Les noix, les pacanes, les amandes, les noisettes, les noix de macadam, les noix du Brésil et les pignons sont bien connus pour leur teneur en gras monoinsaturés et polyinsaturés et leur faible contenu en gras saturés. En remplaçant le gras animal contenu dans la viande et les produits laitiers par des gras insaturés, on contribue de manière importante à améliorer sa santé. L'un des bienfaits de ce changement est une baisse importante du taux de cholestérol sanguin. Le régime méditerranéen, dans lequel l'huile d'olive – un gras insaturé – joue un rôle majeur, en est un bon exemple. On observe que les populations des régions méditerranéennes sont moins sujettes aux maladies cardiaques que celles des pays où l'on consomme davantage de gras saturés. On trouve aussi dans les noix des stérols végétaux qui aident à combattre l'hypercholestérolémie.

Chaque variété de noix possède des caractéristiques et des qualités nutritives qui lui sont propres. Par exemple, les noix sont riches en gamma-tocophérol et en delta-tocophérol (antioxydant), en gras polyinsaturés et en acides gras omega-3, semblables à ceux contenus dans certains poissons comme le saumon. Ces gras aident à prévenir les maladies cardiaques et les accidents cérébro-vasculaires. Les amandes et les noisettes sont riches en gras monoinsaturés et en alpha-tocophérol. En général, les noix sont une bonne source d'acide folique, une vitamine qui joue un rôle essentiel dans la nutrition du cerveau. Une étude de l'université Loma Linda échelonnée sur six années et effectuée sur 31 000 sujets a démontré que les personnes qui mangent une poignée de noix quelques fois par semaine et pendant plusieurs années courent moins de risque d'avoir une maladie cardiaque, fatale ou non. Deux autres études majeures du Iowa Women's Study et du Harvard Nurses Study ont obtenu des résultats similaires. Ces recherches n'exigeaient nullement des participants qu'ils modifient leurs habitudes alimentaires de quelque manière que ce soit. Par contre, d'autres études qui demandaient aux participants d'inclure des noix dans leur alimentation quotidienne en plus de suivre une diète équilibrée, ont confirmé à leur tour les bienfaits des noix sur la santé. Les noix, les amandes, les noix de macadam, les pistaches et les pacanes diminuent le taux de cholestérol sanguin.

Au Health Research and Studies Center, dans le Nord de la Californie, nous avons mené deux études pour lesquelles des personnes ayant un taux de cholestérol élevé devaient manger 90 g (3 oz) d'amandes chaque jour. Après trois ou quatre semaines seulement, leur mauvais cholestérol (LDL) a baissé tandis que leur bon cholestérol (HDL) n'a pas changé. Certains sujets qui craignaient de prendre du poids ont été surpris de constater que les amandes comblaient leur besoin de satiété sans les faire engraisser. Une deuxième étude menée à l'université Loma Linda a démontré qu'une quantité de 60 à 90 g (2 à 3 oz) de noix par jour pouvait diminuer le taux de cholestérol total ainsi que le mauvais cholestérol. Des chercheurs de l'Hôpital clinique de Barcelone ont prouvé récemment qu'en faisant baisser le taux cholestérol, les noix contribuaient à diminuer l'incidence de maladies cardiaques de 11 %.

Les noix de macadam, les pacanes et les pistaches ont elles aussi le pouvoir de diminuer le taux de cholestérol. Une autre étude menée à notre centre de recherche a démontré qu'une alimentation à base de noix variées, de fruits et de légumes frais, de céréales de grains entiers et de légumineuses réduisait le taux de cholestérol total.

Une poignée de noix peut calmer la faim et fournir une bonne source d'énergie et d'éléments nutritifs. Les résultats de ces recherches aideront les scientifiques à développer des méthodes de contrôle du poids plus efficaces. La sensation de satiété ressentie après avoir mangé quelques noix a le pouvoir d'empêcher certaines personnes de s'empiffrer avec des aliments de moins bonne qualité.

Les noix ne servent donc pas uniquement à satisfaire notre gourmandise. Elles devraient occuper une place privilégiée dans notre alimentation. Au lieu de se demander si l'on peut se permettre de manger quelques noix par jour, on devrait plutôt se préoccuper de savoir si l'on en consomme suffisamment pour sa santé. Les noix trouvent toujours preneurs à l'heure de la collation, mais on peut aussi les intégrer dans un nombre infini de recettes comme celles que nous vous proposons dans ce livre. N'oubliez pas que quelques noix dégustées quelques fois par semaine ainsi qu'une alimentation riche en légumes, en fruits frais ou secs, en céréales de grains entiers et en légumineuses est la meilleure recette qui soit pour votre santé.

Gene A. Spiller, Ph.D., CNS,
directeur du Health Research and Studies Center
et de la Sphera Foundation
Los Altos, Californie

Introduction

Jadis, les Grecs et les Romains, humbles mortels, se contentaient d'une alimentation frugale et équilibrée. Pendant ce temps, sur le mont Olympe, les dieux se délectaient de fruits qui étaient plus dignes de leur rang : les glands de Jupiter *(juglans),* c'est-à-dire les noix. De nos jours, ce délice des dieux est facile à trouver dans n'importe quelle épicerie. Savourées fraîchement cueillies ou sèches, seules ou mélangées à d'autres ingrédients sucrés ou salés, elles sont toujours aussi divines.

Les noix sont composées de trois parties : le brou, la coque et le cerneau. La *Juglans regia* (appelée noix de Perse, noix anglaise ou noix du Caucase) est cultivée depuis plus de 2500 ans en Extrême-Orient et dans le Sud-Est de l'Europe. Il existe une quinzaine de variétés de *Juglans,* mais la plus connue est certainement la *Juglans regia*. D'autres variétés, dont la *Juglans nigra* (noix d'Amérique), sont aussi très appréciées dans le monde entier. Au fil des siècles, les noix de Perse ont été cultivées dans des conditions climatiques les plus extrêmes, que ce soit sur les sommets glacés du Caucase, en Perse, en Inde, en Chine ou dans les chaudes vallées de Grèce, d'Italie, de France, d'Espagne et d'Amérique du Sud. Les noyers vivent généralement une centaine d'années. À travers les âges, les noix et leur huile très recherchée sont devenues indispensables à l'alimentation de plusieurs peuples.

Notre première publication, vers 1923

Les Grecs et les Romains croyaient que les noix pouvaient guérir les maux de tête à cause de la ressemblance de leurs cerneaux avec les hémisphères du cerveau. Les Romains leur attribuaient des vertus thérapeutiques garantissant fertilité et bonne santé. La tradition voulait qu'on lance des noix aux nouveaux mariés pour leur souhaiter une longue descendance. En Europe, au Moyen Âge, on prétendait qu'elles pouvaient repousser la foudre et les mauvais esprits en plus de prévenir les crises d'épilepsie. En Roumanie, la mariée pouvait cacher une noix grillée sous son corsage si elle souhaitait retarder une grossesse éventuelle.

Les noix sont utilisées sous toutes les formes : grillées, hachées, moulues, etc. Elles servent à rehausser le goût, à enrichir les mets, à épaissir les sauces, à améliorer les soupes, les salades et les plats mijotés. Elles sont indispensables dans les pestos, les plats de poulet du Moyen-Orient, les recettes de crevettes aux noix de Hong-Kong, les crèmes glacées italiennes et les

baklavas. Elles ont marqué l'évolution de l'art culinaire dans tous les coins de la planète.

EN ROUTE VERS L'OUEST

Ce sont probablement les premiers colons de la Nouvelle-Angleterre qui ont introduit les noix de Perse en Amérique du Nord. Vers la fin du XVIIIe siècle, les pères franciscains espagnols qui ont établi des missions en Californie ont sûrement contribué à l'importation des noix eux aussi. On a commencé à planter des noyers à San Diego, Los Angeles, Carpinteria ainsi que dans les vallées de Napa et de San Gabriel vers 1850. Ces plantations étaient destinées à la consommation personnelle, mais on a observé un essor rapide de cette culture dans toute la Californie puisque tous les éléments essentiels étaient rassemblés comme gages de réussite : un climat idéal, des noix importées d'Europe et un intérêt croissant pour ce genre de culture. Il ne manquait plus que l'ingrédient principal : les gens.

Ce n'est qu'au XIXe siècle que l'on a entrepris la culture des noix dans un but commercial. Joseph Sexton s'est installé dans la région de Santa Barbara en 1867. Il a décidé de s'adonner à la culture des noix après en avoir acheté un sac à San Francisco. La production industrielle entière du Sud de la Californie a vu le jour grâce à ses talents de visionnaire. Félix Gillet a quant à lui importé des variétés de noix à coque dure de sa France natale pour adapter la culture au climat plus rigoureux du Nord de la Californie. Vers 1880, Russell Heath, de Carpinteria, a fait de nombreuses expériences de transplantation qui lui ont permis de cultiver plus de 6000 arbres. Harriet W.R. Strong, jeune veuve d'un prospecteur d'argent californien, a choisi d'utiliser les 20 acres de terre semi-aride dont elle a hérité pour planter des noyers et étudier l'effet des conditions météorologiques, les systèmes d'irrigation et tout ce qui pouvait contribuer à améliorer la culture des noix dans la région.

Des centaines d'entrepreneurs audacieux ont permis l'implantation d'une industrie prospère qui sert aujourd'hui de modèle à travers le monde. Vers 1885, ces horticulteurs et producteurs passionnés produisaient plus de 450 000 kg (1 000 000 lb) de noix par année. Le XXe siècle leur a permis de découvrir des méthodes d'irrigation plus efficaces, de combattre les maladies et les parasites et d'améliorer le rendement et la qualité de la production. Avec le temps, le développement technologique a naturellement entraîné la conquête de nouveaux marchés. Les producteurs californiens ont compris que leurs efforts individuels ne suffisaient plus et que le temps était venu pour eux de se regrouper.

UNE CROISSANCE SPECTACULAIRE

En 1912, les producteurs californiens, sous la présidence de Charles Teague, ont décidé de former la California Walnut Growers Association (CWGA). Dès 1926, ils créent la marque Diamond, dont la mission principale est de commercialiser des noix de première qualité. En moins de cinq ans, cette association a réussi à faire des pas de géant dans les domaines de l'inspection, de la standardisation, de l'emballage et de la publicité. Depuis ce temps, le nom de Diamond fait bonne figure auprès des producteurs californiens ainsi que des acheteurs qui sont de plus en plus nombreux dans plusieurs pays. De nos jours, Diamond n'est pas une simple marque de commerce. L'esprit d'équipe de ses producteurs assure le succès sans cesse grandissant de l'entreprise. C'est avec joie que nous vous offrons ces recettes originales. Elles proviennent de nos archives, de nos producteurs, de nos amis, de nos familles et de quelques grands chefs et rédacteurs culinaires parmi les plus réputés en Amérique du Nord. Prenez le temps de découvrir nos recettes traditionnelles ainsi que nos suggestions plus modernes. Les noix font partie des meilleurs aliments disponibles sur le marché. Nous sommes fiers de vous offrir nos délicieuses trouvailles que vous aimerez certainement partager avec les vôtres.

DIAMOND

Description

NOIX ANGLAISE, NOIX DU CAUCASE, NOIX DE PERSE

Juglans regia

Les noix font partie des premiers aliments à avoir été cueillis dans les arbres par l'être humain. Ce fruit est apprécié depuis des milliers d'années en Europe et en Asie. Ce sont des prêtres espagnols qui les ont importées en Californie au XVIIIe siècle. En France, on les trouve principalement dans le Périgord et le Dauphiné. En Amérique du Nord, 95 % des noix américaines sont cultivées dans la Vallée Centrale, en Californie, par des producteurs réputés de la famille Diamond.

AMANDE

Prunus dulcis (P. amygdalus)

On croit que l'amande est originaire de Chine et d'Asie centrale. Elle a été introduite plus tard au Moyen-Orient et autour de la Méditerranée. Les Romains lui donnaient le nom de « noix grecque ». De nos jours, la culture de l'amandier est très prospère en Provence, en Corse et en Sicile. La plupart des amandes cultivées aux États-Unis poussent dans la Grande Vallée, en Californie.

NOIX DE PÉCAN (PACANE)

Carya illinoinensis

Le pacanier est un arbre qui pousse en Amérique du Nord. Le goût de la noix de pacane est semblable à celui de la noix. Les Amérindiens lui donnaient le nom de *paccan,* ce qui signifie « noix si dure qu'on doit la casser avec une pierre ». Le pacanier peut atteindre 30 m (100 pi) de hauteur et vivre plus de mille ans. La plupart poussent dans le Sud-Est et le Sud-Ouest du continent.

NOISETTE ET AVELINE

Corylus avellana, C. maxima

L'aveline est une variété de noisette plus grosse dont la peau est rougeâtre. Les noisettes et les avelines ont toujours été très appréciées en Chine où on les cultive depuis 4500 ans. De nos jours, on en trouve en abondance en Italie, en Espagne, en Corse, en Turquie et dans le Sud-Ouest de la France. Les premiers noisetiers ont été plantés sur la côte nord-ouest du Pacifique en 1851. Les États de l'Oregon et de Washington produisent 98 % des noisettes vendues dans le commerce aux États-Unis.

PIGNON

Pinus cembroides, P. edulis,
P. koraiensis, P. monophylla, P. pinea

Le pignon est une petite graine oblongue contenue dans certaines pommes du pin pignon qui pousse dans les régions méditerranéennes. Les Grecs et les Romains lui ont toujours accordé une place de choix dans leur cuisine. En Amérique du Nord, les Hopis, les Navajos et d'autres tribus amérindiennes l'ont toujours tenu en haute estime. De nos jours, la Chine est un important producteur sur le marché international. Le pignon est l'une des meilleures sources de protéines parmi les noix vendues dans le commerce.

NOIX DE MACADAMIA

Macadamia integrifolia,
M. ternifolia, M. tetraphylla

Souvent appelée « noix hawaiienne », la noix de macadamia pousse dans un arbre d'origine australienne. On la nomme également « noix du Queensland » ou « noix de macadam ». Les aborigènes nomades de ce pays ont été les premiers à découvrir ses valeurs nutritives. De nos jours, on la cultive à Hawaii, en Australie et en Afrique du Sud. À cause de son noyau très dur, cette noix est presque toujours vendue épluchée et conservée dans des boîtes ou des bocaux hermétiques.

NOIX D'AMÉRIQUE

Juglans nigra

Les noix d'Amérique ont un goût riche et prononcé qui convient bien aux desserts cuits au four et aux crèmes glacées. Elles poussent à l'état sauvage au centre et dans l'Est des États-Unis et elles sont toujours cueillies à la main.

NOIX DU BRÉSIL

Bertholletia excelsa

Les noix du Brésil proviennent exclusivement de l'Amérique du Sud (Brésil et Paraguay), le long des cours d'eau tributaires de l'Amazone. Elles poussent à l'état sauvage dans des arbres pouvant atteindre 45 m (150 pi) de hauteur qui donnent de 225 à 450 kg (500 à 1000 lb) de fruits par année. Leur coque brune est divisée en segments, comme une orange, qui donnent aux noix leur forme triangulaire.

HORS-D'ŒUVRE ET SALADES

L'ART DE CUEILLIR UNE NOIX

De la même manière qu'il est impossible de juger de la valeur d'un livre en regardant uniquement sa couverture, comment peut-on deviner si une noix est de bonne qualité ou non ? La coque doit être foncée et intacte. Évitez les noix qui sont craquelées ou trouées. La noix doit être lourde proportionnellement à sa grosseur. Si vous entendez un bruit au moment de la secouer, rejetez-la puisqu'elle est probablement desséchée et plissée. L'écale doit être ferme et craquer facilement quand on la brise. Une écale ratatinée et souple est un mauvais signe.

Noix glacées à l'érable

Donne 500 g (4 tasses)

PRÉPARATION

INGRÉDIENTS

- 240 g (1 tasse) de cassonade pâle
- 120 g (½ tasse) de sucre granulé
- 125 ml (½ tasse) de crème sure ou de yogourt nature, égoutté
- Une pincée de sel
- 480 g (4 tasses) de noix, coupées en deux
- 2 c. à café (2 c. à thé) d'essence d'érable

On peut remplacer l'essence d'érable par de l'extrait de vanille. Ces noix feront fureur sur un plateau de fromages ou avec un assortiment de biscuits variés.

• Couvrir une grande plaque à pâtisserie avec du papier d'aluminium ou du papier parchemin et vaporiser avec de l'huile végétale. Dans une casserole moyenne à fond épais, mélanger la cassonade, le sucre granulé, la crème sure et le sel. Cuire à feu moyen, en remuant souvent, jusqu'à ce que le mélange soit lisse et atteigne le point d'ébullition. Continuer la cuisson jusqu'à ce qu'un thermomètre à bonbons indique 113 à 115 °C (236 à 240 °F). (Une petite cuillerée du mélange jetée dans l'eau glacée formera une boule molle si on la frotte entre le pouce et l'index.)

• Incorporer rapidement les noix et l'essence d'érable et remuer de 2 à 3 min, jusqu'à ce que les noix soient parfaitement enrobées. Étendre délicatement les noix sur une seule couche sur la plaque à pâtisserie. Séparer les noix à l'aide d'une fourchette. Laisser refroidir complètement.

• Conserver les noix jusqu'à une semaine dans un contenant hermétique.

Noix teriyaki

Donne 500 g (4 tasses)

- 480 g (4 tasses) de noix, coupées en deux
- 3 c. à soupe de graines de sésame
- 60 ml (¼ tasse) de jus d'orange concentré décongelé
- 60 ml (¼ tasse) de sauce soja
- 2 c. à soupe d'huile de sésame orientale
- 2 c. à soupe de cassonade pâle
- 2 c. à café (2 c. à thé) de gingembre fraîchement râpé
- 2 gousses d'ail, émincées
- ½ c. à café (½ c. à thé) de piments chilis rouges séchés, broyés

Le teriyaki offre un équilibre parfait entre les quatre saveurs de base : sucré, salé, amer et aigre. Ces noix grillées sont irrésistibles.

• Préchauffer le four à 180 °C (350 °F). Couvrir une grande plaque à pâtisserie avec du papier d'aluminium ou du papier parchemin. Étendre les noix sur une seule couche. Faire griller légèrement au four de 10 à 12 min, en remuant une ou deux fois, jusqu'à ce que les noix dégagent tout leur arôme. Réserver la plaque pour plus tard ; réduire la température du four à 150 °C (300 °F).

• Dans une grande poêle à frire, à feu moyen, faire griller les graines de sésame de 3 à 5 min, jusqu'à ce qu'elles soient brun pâle. Verser sur une assiette et réserver. Dans la même poêle, mélanger le jus d'orange concentré, la sauce soja, l'huile de sésame, la cassonade, le gingembre, l'ail et les piments. Amener à ébullition. Ajouter les noix et cuire, en remuant, jusqu'à ce que le liquide soit évaporé. Ajouter les graines de sésame et bien remuer pour les enrober.

• Sur la plaque à pâtisserie, étendre le mélange sur une seule couche. Mettre au four de 8 à 10 min, jusqu'à ce que les noix soient glacées et sèches. Laisser refroidir.

• Conserver jusqu'à une semaine dans un contenant hermétique.

Mélange de noix épicées

Donne 500 g (4 tasses)

INGRÉDIENTS

- 480 g (4 tasses) de noix variées, entières (noix, noisettes, pacanes, amandes, noix de macadam, etc.)
- 2 blancs d'œufs
- 240 g (1 tasse) de sucre
- 2 c. à café (2 c. à thé) de cannelle moulue
- ½ c. à café (½ c. à thé) de sel
- ¼ c. à café (¼ c. à thé) de gingembre moulu
- Une pincée de piment de la Jamaïque moulu
- Une pincée de clou de girofle moulu
- Une pincée de muscade fraîchement râpée

PRÉPARATION

Ces noix sont délicieuses dans une salade de pommes et de fromage de chèvre ou sur de la crème glacée. On les servira aussi à l'heure de l'apéro.

• Si on utilise des noisettes, préchauffer le four à 180 °C (350 °F). Étendre les noisettes sur une seule couche sur une plaque à pâtisserie ou dans un moule. Faire griller légèrement au four de 10 à 12 min, en secouant la plaque une ou deux fois, jusqu'à ce que les noisettes dégagent tout leur arôme. Envelopper les noisettes dans un linge propre et laisser refroidir 10 min. À l'aide du linge, les frotter pour les débarrasser le plus possible de leur enveloppe. Mettre les noisettes dans un bol avec les autres noix choisies. (Sauter cette étape si on n'utilise pas de noisettes.)

• Réduire la température du four à 107 °C (225 °F). Couvrir une grande plaque à pâtisserie avec du papier d'aluminium ou du papier parchemin et vaporiser avec de l'huile végétale.

• Dans un grand bol, fouetter les blancs d'œufs jusqu'à consistance mousseuse. Verser sur les noix et bien remuer.

• Dans un autre grand bol, mélanger le sucre, la cannelle, le sel, le gingembre, le piment de la Jamaïque, le clou de girofle et la muscade. Bien remuer. Ajouter les noix et bien remuer pour les enrober uniformément. Étendre délicatement les noix sur une seule couche sur la plaque à pâtisserie. Cuire au four environ 2 h, jusqu'à ce que l'enrobage soit sec et croquant. Laisser refroidir.

• Conserver les noix jusqu'à une semaine dans un contenant hermétique.

UNE TOUCHE DE DOUCEUR

Remplissez une grande tasse à café avec les noix que vous venez de préparer. Placez la tasse au centre de deux feuilles de papier à cadeau transparent. Enveloppez-la solidement avec un beau ruban. Accrochez-y un petit mot à l'endos duquel vous aurez pris soin d'écrire la recette.

Raisins au gorgonzola et aux pacanes

Donne environ 48 boules

Des petites bouchées qui feront le bonheur de tous comme hors-d'œuvre, amuse-gueule ou pour accompagner les fromages. Elles gagnent à être servies sur des feuilles de vigne ou de figuier. On peut remplacer les pacanes par d'autres noix et le gorgonzola par du fromage de chèvre, beaucoup plus doux.

INGRÉDIENTS

- 240 g (2 tasses) de pacanes, hachées
- 240 g (8 oz) de fromage à la crème, à la température ambiante
- 120 g (4 oz) de gorgonzola ou autre fromage bleu, à la température ambiante
- 2 c. à soupe de crème fraîche épaisse (35 %), de crème moitié moitié ou de lait
- 240 g (1 1/4 tasse) de petits raisins rouges ou verts, rincés et bien épongés

PRÉPARATION

- Préchauffer le four à 180 °C (350 °F). Étendre les pacanes sur une plaque à pâtisserie ou dans un moule peu profond. Faire griller légèrement au four de 5 à 10 min, en remuant une ou deux fois, jusqu'à ce qu'elles dégagent tout leur arôme. Laisser refroidir.
- Dans un bol moyen, battre le fromage à la crème, le gorgonzola et la crème de 2 à 3 min avec le batteur électrique, jusqu'à consistance onctueuse. Couvrir entièrement chaque raisin avec environ 1 c. à café (1 c. à thé) de ce mélange. (Si on fait la recette à l'avance, les conserver jusqu'à 3 jours dans un contenant hermétique.) Rouler chaque raisin dans les pacanes hachées avant de servir.

Amandes au sirop d'érable

Donne 480 g (4 tasses)

Il suffit de quatre ingrédients pour donner aux amandes un goût, une texture et un aspect lustré remarquables. Choisissez des ingrédients de qualité pour cette recette, en particulier le sirop d'érable. Un mauvais sirop donnera peu de goût aux amandes qui deviendront aussi très collantes pendant la cuisson.

- 160 ml (2/3 tasse) de sirop d'érable
- 2 c. à café (2 c. à thé) de cinq-épices
- 1 c. à café (1 c. à thé) de sel
- 480 g (4 tasses) d'amandes entières

- Préchauffer le four à 150 °C (300 °F). Tapisser deux grandes plaques à pâtisserie avec du papier d'aluminium ou du papier parchemin et vaporiser avec de l'enduit végétal. Dans un grand bol, mélanger le sirop d'érable, le cinq-épices et le sel. Bien remuer. Ajouter les amandes et bien les enrober en remuant.
- Étendre la préparation uniformément sur une seule couche sur une des plaques préparées. Cuire au four de 50 à 60 min, jusqu'à ce que les amandes soient glacées et d'une belle couleur brun doré, en remuant une ou deux fois en cours de cuisson. Étendre immédiatement les amandes sur l'autre plaque à pâtisserie en procédant rapidement et prudemment. Séparer les amandes à l'aide d'une fourchette et laisser refroidir complètement.
- Conserver jusqu'à une semaine dans un contenant hermétique.

Raisins au gorgonzola et aux pacanes

Terrine de roquefort et de raisins

10 à 12 portions *(Roland Passot)*

Le chef Roland Passot recommande de servir cette terrine en entrée avec une petite salade verte et du pain grillé aux olives et aux noix (p. 148). On la servira aussi avec des craquelins ou des tranches de baguette. Le roquefort peut être remplacé par un fromage bleu plus doux.

INGRÉDIENTS

- 240 g (2 tasses) de noix, hachées
- 125 ml (1/2 tasse) de sauternes ou autre vin blanc de dessert
- 1 c. à soupe de gélatine sans saveur
- 500 g (4 tasses) de roquefort ou autre fromage bleu, émietté
- 250 ml (1 tasse) de crème fouettée
- 240 g (8 oz) de raisins rouges ou verts, coupés en deux s'ils sont gros
- 20 g (1/2 tasse) de ciboulette fraîche, finement hachée

PRÉPARATION

• Préchauffer le four à 180 °C (350 °F). Badigeonner généreusement une terrine ou un moule à pain de 1,5 litre (6 tasses) avec de l'huile végétale et réserver. Sur une grande plaque à pâtisserie, étendre les noix sur une seule couche. Faire griller légèrement au four de 8 à 10 min, en remuant une ou deux fois, jusqu'à ce qu'elles dégagent tout leur arôme. Laisser refroidir.

• Dans un grand bol résistant à la chaleur, dissoudre la gélatine dans 60 ml (1/4 tasse) de sauternes. Laisser reposer 1 min. Remplir une casserole avec 5 cm (2 po) d'eau et amener à ébullition. Mettre prudemment le bol contenant la gélatine au-dessus de la casserole pour faire un bain-marie. Réduire le feu à chaleur moyenne et cuire de 3 à 5 min, jusqu'à dissolution de la gélatine. Incorporer le fromage et le sauternes restant. Remuer jusqu'à ce que le fromage soit ramolli et presque onctueux. Mettre le bol contenant le fromage dans un bol plus grand rempli de glace. Laisser reposer de 15 à 20 min, en remuant de temps à autre, jusqu'à ce que la préparation refroidisse et commence à épaissir.

• Dans un grand bol, battre la crème à l'aide du batteur électrique jusqu'à ce qu'elle raffermisse. Incorporer le tiers de la crème fouettée dans le bol contenant le fromage. Incorporer ensuite la crème restante. Amalgamer parfaitement, puis incorporer les noix, les raisins et la ciboulette. Verser dans la terrine et égaliser le dessus à l'aide d'une spatule. Frapper la terrine à quelques reprises contre une surface dure pour éliminer les bulles d'air. Couvrir avec de la pellicule plastique et conserver de 2 h à 2 jours dans le réfrigérateur.

• Décoller la terrine des parois du moule à l'aide d'une spatule ou d'un couteau. Démouler sur une assiette plate et découper en tranches de 12 mm (1/2 po).

Endives au fromage, au brandy et aux noix

8 à 10 portions (environ 24 feuilles)

INGRÉDIENTS

- 60 g (1/2 tasse) de noix, hachées
- 120 g (1 tasse) de fromage bleu ou de fromage de chèvre, émietté, à la température ambiante
- 90 g (3 oz) de fromage à la crème, à la température ambiante
- 2 c. à café (2 c. à thé) de brandy
- 5 endives moyennes (environ 300 g/10 oz)

PRÉPARATION

On peut mettre la préparation au fromage dans une poche munie d'une douille étoilée avant de décorer les endives. Si on n'a pas d'endives, il suffit de les remplacer par des craquelins ou des croûtons grillés de pain aux noix.

• Préchauffer le four à 180 °C (350 °F). Étendre les noix sur une plaque à pâtisserie ou dans un moule peu profond. Faire griller légèrement au four de 8 à 10 min, en remuant une ou deux fois, jusqu'à ce qu'elles dégagent tout leur arôme. Laisser refroidir.

• Dans un bol moyen, mélanger le fromage bleu, le fromage à la crème et le brandy. Incorporer la moitié des noix.

• Couper la base des endives pour séparer les feuilles. (Conserver les cœurs pour un autre usage.) Mettre 1 c. à café (1 c. à thé) comble du mélange de fromages à la base de chaque feuille. Couvrir avec les noix restantes. Dresser les feuilles en cercles concentriques sur une assiette, pointes vers l'extérieur.

VARIANTES

À une certaine époque, à l'heure du cocktail, on servait presque invariablement des petites boules de fromage enrobées de noix hachées servies sur des craquelins. Les noix et le fromage étant des alliés naturels, le succès était assuré. Mais pourquoi ne pas essayer d'autres variantes originales en osant par exemple ajouter un peu de porto et de fruits secs à la préparation? Voici d'autres suggestions :

• À la fin du repas, sur des assiettes individuelles, servir un petit morceau de fromage, des noix grillées, des figues, des tranches de pomme, de poire ou de kaki.

• Étendre un peu de fromage (recette de la p. 20 par exemple) sur le côté plat des pacanes pour confectionner des sandwiches miniatures.

• Couper un petit brie horizontalement en deux. Napper la partie inférieure avec du Pesto de noix (p. 90) et couvrir avec l'autre moitié du fromage. Presser des noix ou des pignons fraîchement grillés et encore chauds sur le dessus. Laisser reposer 1 ou 2 h à la température ambiante, puis servir avec des craquelins ou des tranches de baguette.

HACHER DES NOIX

Pour hacher les noix, utilisez un couteau du chef bien affûté et rappelez-vous que les noix chaudes sont plus faciles à hacher que celles qui sont froides. Si vous utilisez le robot de cuisine, faites fonctionner et arrêtez l'appareil à quelques reprises en remuant les noix de temps à autre afin de ne pas les transformer en beurre. Vous pouvez aussi gagner du temps en achetant des noix qui sont déjà hachées, tranchées ou moulues.

Croquettes de crabe à la sauce romesco et aux amandes

24 à 30 croquettes

INGRÉDIENTS

SAUCE

- 160 g (1/2 tasse) d'amandes effilées
- 1 petite tomate rouge, en quartiers
- 120 g (3/4 tasse) de poivrons rouges, grillés et grossièrement hachés
- 1 c. à soupe de vinaigre de vin rouge
- 2 ou 3 gousses d'ail
- 1/2 c. à café (1/2 c. à thé) de sel
- 1/2 c. à café (1/2 c. à thé) de cayenne
- 125 ml (1/2 tasse) d'huile d'olive extravierge

- 13 g (1/3 tasse) de persil plat frais
- 1 tige de céleri, en morceaux de 2,5 cm (1 po)
- 2 oignons verts, en morceaux de 2,5 cm (1 po)
- 360 g (12 oz) de chair de crabe, bien nettoyée
- 25 g (1/2 tasse) de chapelure fraîche
- 1 œuf
- 3 c. à soupe de mayonnaise
- 2 c. à café (2 c. à thé) de jus de citron fraîchement pressé
- 1/4 c. à café (1/4 c. à thé) de sel
- Une pincée de cayenne
- 120 g (1 tasse) d'amandes effilées, hachées

PRÉPARATION

Vous pouvez aussi faire des croquettes plus grosses (12 au lieu de 24). Il suffit alors de les faire cuire plus longtemps. À l'heure du brunch, servez-les couvertes d'un œuf poché et de sauce romesco avec un mesclun et des tomates cerises coupées en deux rehaussés d'une bonne vinaigrette. La sauce romesco est un pesto espagnol coloré et versatile. Utilisez le restant avec du poulet, du poisson, des légumes, des crudités ou des sandwiches.

- Pour préparer la sauce : Préchauffer le four à 180 °C (350 °F). Étendre les amandes sur une plaque à pâtisserie ou dans un moule peu profond. Faire griller légèrement au four de 5 à 10 min, en remuant une ou deux fois, jusqu'à ce qu'elles dégagent tout leur arôme. Laisser refroidir.
- À l'aide du robot de cuisine, mélanger les amandes, les tomates, les poivrons, le vinaigre, l'ail, le sel et le cayenne jusqu'à formation d'une purée grossière. Tandis que le moteur continue de tourner, verser l'huile en un mince filet. Bien mélanger. Transvider dans un bol, couvrir et conserver de 2 h à 2 jours dans le réfrigérateur. Ramener à la température ambiante avant de servir.
- Pour préparer les croquettes : Préchauffer le four à 200 °C (400 °F). Couvrir une grande plaque à biscuits avec du papier d'aluminium ou du papier parchemin et beurrer généreusement.
- À l'aide du robot de cuisine, hacher le persil, le céleri et les oignons verts. Dans un bol, mélanger la chair de crabe, 3 c. à soupe de chapelure, l'œuf, la mayonnaise, le jus de citron, le sel et le cayenne. Incorporer le persil et bien remuer.
- Dans un petit bol, mélanger les amandes avec la chapelure restante. Pour chaque croquette, prendre environ 2 c. à soupe de la préparation au crabe et la façonner en une boule de 4 à 5 cm (1 1/2 à 2 po). Rouler dans les amandes. Mettre les croquettes sur une plaque à pâtisserie en laissant 4 cm (1 1/2 po) entre elles. Aplatir délicatement les boules de crabe pour qu'elles aient 12 mm (1/2 po) d'épaisseur.
- Cuire au four de 10 à 12 min, jusqu'à ce que les croquettes soient fermes et que les amandes soient dorées. Pour servir, retourner les croquettes à l'aide d'une spatule pour que le côté le plus doré soit sur le dessus. Napper chaque galette avec 2 c. à café (2 c. à thé) de sauce romesco.

> Pour que l'extérieur des croquettes de crabe soit doré et croustillant, faites-les frire au lieu de les cuire au four. Mélanger 2 c. à soupe d'huile d'olive et 1 c. à soupe de beurre dans une grande poêle à frire. Mettre à feu moyen jusqu'à ce que le beurre soit fondu et que l'huile soit chaude. Frire quelques croquettes à la fois si la poêle n'est pas assez grande. Compter de 6 à 8 min de cuisson en tout et ne retourner les croquettes qu'une seule fois. Égoutter sur du papier absorbant et servir immédiatement.

Bruschetta caprese

PRÉPARATION

Donne 16 à 24 morceaux

Préparez le pain et laissez vos invités créer les bruschetta à leur goût. Ouvrez une bouteille de sangiovese et amusez-vous !

• Préchauffer le four à 160 °C (325 °F). Mettre les pignons dans un petit moule et faire griller légèrement au four de 5 à 7 min, en remuant une ou deux fois, jusqu'à ce qu'ils soient dorés. Laisser refroidir.

• Dans un bol moyen, mélanger les tomates, la mozzarella, l'huile d'olive, le sel et le poivre. (Si on fait la recette à l'avance, couvrir et conserver jusqu'à 2 h à la température ambiante.)

• Préparer un feu de charbon de bois moyen-chaud ou préchauffer le gril. Placer la grille de 10 à 15 cm (4 à 6 po) de la source de chaleur. Griller les tranches de pain jusqu'à ce qu'elles soient dorées en les retournant une seule fois. Frotter immédiatement chaque tranche avec l'ail en pressant la gousse sur toute la surface pour bien aromatiser le pain. Couper chaque tranche en deux ou en trois morceaux.

• Incorporer les pignons et le basilic aux tomates et napper chaque morceau de pain avec ce mélange. Servir immédiatement.

INGRÉDIENTS

- 60 g (1/2 tasse) de pignons
- 480 g (1 lb) de tomates rouges et/ou jaunes, en cubes de 12 mm (1/2 po)
- 2 petites boules de mozzarella fraîche de lait entier, bien égouttées et coupées en cubes de 12 mm (1/2 po)
- 2 c. à soupe d'huile d'olive extravierge
- Environ 1/4 c. à café (1/4 c. à thé) de sel
- Poivre fraîchement moulu
- 8 tranches de pain de campagne ou de pain italien, en tranche de 18 mm (3/4 po)
- 1 grosse gousse d'ail, coupée en deux
- 3 c. à soupe de basilic frais, grossièrement haché

Crostini au cambozola, aux oignons caramélisés et aux noix

Donne 24 crostini

Les crostini remplacent merveilleusement les craquelins et ils sont faciles à préparer. Pourquoi ne pas les essayer avec des oignons caramélisés, des noix grillées et ce merveilleux mélange de camembert et de gorgonzola appelé cambozola?

• Préchauffer le four à 180 °C (350 °F). Étendre les noix sur une plaque à pâtisserie ou dans un moule peu profond. Faire griller légèrement au four de 8 à 10 min, en remuant une ou deux fois, jusqu'à ce qu'elles dégagent tout leur arôme. Laisser refroidir.

• Augmenter la température du four à 200 °C (400 °F). Étendre les tranches de pain sur une plaque à pâtisserie. Badigeonner le dessus avec 3 c. à soupe d'huile d'olive. Mettre au four de 5 à 7 min, jusqu'à ce qu'elles soient légèrement dorées. Laisser refroidir. (Si on fait la recette à l'avance, les conserver dans un plat hermétique.)

• Dans une grande casserole ou un grand plat de cuisson, chauffer l'huile d'olive restante à feu moyen. Incorporer les oignons, la sauge, le vinaigre, le sel et le sucre. Couvrir et cuire de 20 à 25 min, en remuant de temps à autre, jusqu'à ce que les oignons soient très tendres et que les bords commencent à brunir. Poivrer. Incorporer les noix.

• Napper chaque crostini avec 1 c. à café (1 c. à thé) de fromage. Couvrir avec le mélange oignons-noix. Servir légèrement réchauffé ou à la température ambiante.

- 60 g (1/2 tasse) de noix, hachées
- 24 tranches de baguette de 6 mm (1/4 po) d'épaisseur
- 4 1/2 c. à soupe d'huile d'olive extravierge
- 2 gros oignons rouges, coupés en fines rondelles
- 2 c. à soupe de sauge fraîche, hachée
- 1 c. à café (1 c. à thé) de vinaigre balsamique
- 1/4 c. à café (1/4 c. à thé) de sel
- Une pincée de sucre
- Poivre fraîchement moulu
- 120 g (4 oz) de cambozola ou autre bleu à pâte molle persillée, à la température ambiante

Salade d'épinards au bacon, au fromage de chèvre chaud et aux amandes

- 90 g (3/4 tasse) d'amandes effilées
- 150 g (5 oz) de tranches épaisses de bacon, coupées horizontalement en morceaux de 2,5 cm (1 po)
- 2 c. à café (2 c. à thé) de moutarde de Dijon
- 2 c. à café (2 c. à thé) de miel
- 1 c. à soupe de vinaigre de xérès ou de vinaigre de vin blanc
- 125 ml (1/2 tasse) d'huile d'olive extravierge ou d'huile de noix (ou un mélange des deux)
- Environ 1/4 c. à café (1/4 c. à thé) de sel
- Une pincée de poivre fraîchement moulu
- 300 g (8 tasses) de jeunes feuilles d'épinards, bien rincées et épongées
- 1/2 petit oignon rouge, en fines tranches
- 2 c. à soupe de ciboulette fraîche, hachée
- 1 fromage de chèvre frais (nature, à l'ail ou aux fines herbes) de 120 g (4 oz), coupé en 4 morceaux de même grosseur

PRÉPARATION

4 portions

Cette salade classique à laquelle on ajoute du délicieux fromage de chèvre enrobé d'amandes sera encore meilleure si on la déguste avec du pain croustillant et un bon verre de chardonnay.

• Préchauffer le four à 180 °C (350 °F). Étendre les amandes sur une plaque à pâtisserie ou dans un moule peu profond. Faire griller légèrement au four de 5 à 10 min, en remuant une ou deux fois, jusqu'à ce qu'elles dégagent tout leur arôme. Laisser refroidir. Hacher 30 g (1/4 tasse) d'amandes et réserver le reste.

• Dans une grande poêle à frire, cuire le bacon à feu moyen de 6 à 8 min, en remuant de temps à autre, jusqu'à ce qu'il brunisse et soit croustillant. Égoutter sur du papier absorbant.

• Dans un grand bol, fouetter ensemble la moutarde, le miel et le vinaigre. Incorporer lentement 6 c. à soupe d'huile à l'aide d'un fouet. Saler et poivrer au goût. Ajouter les amandes réservées (pas les amandes hachées), le bacon, les épinards et les oignons. Remuer délicatement. Servir la salade sur 4 assiettes individuelles.

• Sur une petite assiette, mélanger les amandes hachées avec la ciboulette. Rouler les morceaux de fromage de chèvre dans ce mélange en les pressant délicatement. Dans une petite poêle à frire, chauffer l'huile restante à feu moyen-vif. Ajouter les morceaux de fromage et cuire environ 1 min, en les retournant une seule fois, jusqu'à ce qu'ils ramollissent sans toutefois perdre leur forme. Couvrir chaque assiette avec un morceau de fromage chaud et servir immédiatement.

Salade de betteraves grillées, pommes, feuilles de pissenlit et amandes

4 portions *(Charlie Trotter)*

INGRÉDIENTS

- 60 g (1/2 tasse) d'amandes effilées
- 1 grosse betterave blanche ou jaune de 300 à 360 g (10 à 12 oz)
- 1 grosse échalote, pelée
- 6 c. à soupe d'huile d'olive
- 1 gros piment poblano
- 2 c. à soupe d'eau
- Sel et poivre fraîchement moulu
- 1 c. à soupe de vinaigre de riz
- 1 petite pomme Gala, évidée et coupée en julienne
- 20 feuilles de pissenlit

PRÉPARATION

Vous pouvez préparer les ingrédients à l'avance et les assembler à la dernière minute. Vous trouverez les betteraves blanches chez des producteurs ou dans des épiceries spécialisées. Évitez les betteraves rouges qui ne conviennent pas à la présentation et au goût raffinés de cette salade.

- Préchauffer le four à 180 °C (350 °F). Étendre les amandes sur une plaque à pâtisserie ou dans un moule peu profond. Faire griller légèrement au four de 5 à 10 min, en remuant une ou deux fois, jusqu'à ce qu'elles dégagent tout leur arôme. Hacher grossièrement et réserver. Augmenter la température du four à 190 °C (375 °F).

- Mettre la betterave dans un petit plat de cuisson et cuire au four de 2 à 2 1/2 h, jusqu'à ce qu'elle soit tendre. Quand elle est suffisamment refroidie pour être manipulée sans qu'on se brûle, peler et jeter la pelure. Couper en morceaux de la grosseur d'une allumette.

- Pendant que la betterave cuit au four, dans un petit ramequin ou un petit plat de cuisson, mélanger l'échalote avec 3 c. à soupe d'huile et bien l'enrober. Cuire au four environ 30 min, jusqu'à ce que l'échalote soit tendre quand on la perce avec la pointe d'un couteau. Retirer du ramequin et réserver l'huile. Retirer et jeter la pelure extérieure coriace de l'échalote. Couper l'échalote en fines tranches.

- Préchauffer le gril et placer la grille le plus près possible de la source de chaleur. Mettre le piment sur une plaque à pâtisserie et griller au four environ 10 min, en le retournant une ou deux fois, jusqu'à ce qu'il soit noirci sur toutes les faces. Retirer du four et mettre dans un sac de papier. Laisser reposer au moins 10 min, jusqu'à ce qu'on puisse le manipuler sans se brûler. Enlever la pelure noircie, équeuter et épépiner. Couper le piment en deux. Hacher grossièrement le premier morceau et réserver le second.

- Mettre le piment haché dans le mélangeur. Verser l'eau et l'huile ayant servi à la cuisson de l'échalote. Réduire en purée onctueuse et passer dans une passoire fine. Saler et poivrer au goût. Verser dans un petit bol, couvrir et conserver dans le réfrigérateur.

- Couper le piment restant en petits cubes. Mettre dans un grand bol avec le vinaigre. Incorporer l'huile restante (3 c. à soupe) à l'aide d'un fouet. Saler et poivrer au goût. Incorporer les betteraves, les échalotes et les pommes. Saler et poivrer au goût.

- Mettre 5 feuilles de pissenlit sur chacune des 4 assiettes. Couvrir avec la salade et garnir d'amandes. Arroser avec la purée de piment réservée et poivrer.

Wonton aux poivrons rouges et aux noix

Donne 48 wonton

La ricotta salata est une spécialité du sud de l'Italie à ne pas confondre avec la ricotta fraîche. Si vous n'en trouvez pas, optez pour de la feta douce. Les wonton ne conviennent pas exclusivement à la cuisine chinoise et vous pouvez les transformer en nouilles maison, en ravioli et en dumplings et les servir à toutes les sauces.

INGRÉDIENTS

- 180 g (1 ½ tasse) de noix, hachées
- 2 poivrons rouges
- 2 c. à soupe d'huile de noix à l'ail grillé
- 60 g (½ tasse) d'oignons, finement hachés
- 1 grosse gousse d'ail, pressée ou émincée
- 30 g (¼ tasse) de ricotta salata ou de feta, émiettée
- 6 olives de Calamata, dénoyautées et finement hachées
- 2 c. à café (2 c. à thé) de thym ou de persil frais, émincé
- Une pincée de poivre fraîchement moulu
- Une pincée de chilis broyés
- Sel
- 48 enveloppes à wonton
- 500 ml à 1 litre (2 à 4 tasses) d'huile d'arachide ou d'huile de maïs pour grande friture

PRÉPARATION

• Préchauffer le four à 180 °C (350 °F). Étendre les noix sur une plaque à pâtisserie ou dans un moule peu profond. Faire griller légèrement au four de 8 à 10 min, en remuant une ou deux fois, jusqu'à ce qu'elles dégagent tout leur arôme. Laisser refroidir.

• Préchauffer le gril et placer la grille le plus près possible de la source de chaleur. Mettre les poivrons entiers sur une plaque à pâtisserie et griller au four environ 10 min, en les retournant deux ou trois fois, jusqu'à ce qu'ils soient noircis sur toutes les faces. Retirer du four et mettre dans un sac de papier. Laisser reposer au moins 10 min, jusqu'à ce qu'on puisse les manipuler sans se brûler. Enlever la pelure noircie, équeuter et épépiner. Couper les poivrons en morceaux de 6 mm (¼ po), ce qui donnera environ 150 g (1 tasse).

• Dans une grande poêle à frire, chauffer l'huile de noix à feu moyen. Ajouter les poivrons, les oignons et l'ail. Cuire environ 5 min, en remuant de temps à autre, jusqu'à ce qu'ils soient tendres mais sans les faire brunir. Laisser refroidir. Incorporer le fromage, les olives, le thym, le poivre et les piments chilis. Saler si nécessaire.

• Mettre une enveloppe à wonton sur un plan de travail (une pointe pointant vers soi). Avec une baguette ou un doigt humide, humecter légèrement les bords. Mettre environ 1 c. à café (1 c. à thé) de garniture au centre. Plier la pâte sur la garniture pour former un triangle. Presser les bords pour bien sceller. Placer les wonton au fur et à mesure sur une grande plaque à pâtisserie ou une assiette. Couvrir avec de la pellicule plastique. Préparer tous les wonton de la même manière. Bien couvrir et conserver de 1 h à 2 jours dans le réfrigérateur ou congeler pour un usage ultérieur.

• Dans un wok ou une grande casserole à fond épais, faire chauffer l'huile d'arachide à 180 °C (350 °F) à feu moyen-vif. Cuire quelques wonton à la fois afin de ne pas trop les entasser. Cuire environ 2 min, en les retournant de temps à autre, jusqu'à ce qu'ils soient dorés et croustillants. Égoutter sur du papier absorbant. Si on fait la recette à l'avance, mettre les wonton sur une grille placée sur une plaque à pâtisserie et garder jusqu'à 30 min dans le four chaud à 120 °C (250 °F). Servir chauds ou tièdes, nature ou trempés dans la Sauce romesco (p. 25).

Pétoncles de mer aux pamplemousses, aux endives et aux noix

INGRÉDIENTS

- 120 g (1 tasse) de noix
- 80 g (2 tasses) de persil plat frais
- 3 c. à soupe plus 2 c. à café (2 c. à thé) de jus de citron fraîchement pressé
- 155 ml (½ tasse + 2 c. à soupe) d'huile d'olive extravierge
- Gros sel
- Poivre fraîchement moulu
- 2 pamplemousses blancs ou roses
- 2 grosses endives, en fines lanières
- 2 c. à soupe d'huile de noix ou d'huile végétale
- 8 gros pétoncles de mer, rincés et bien épongés

PRÉPARATION

(Mark Franz) **4 portions**

Gardez le reste de coulis pour un autre usage ; il sera apprécié avec n'importe quel aliment cuit simplement comme le poulet ou le poisson grillé, le bifteck et les côtelettes d'agneau.

• Préchauffer le four à 180 °C (350 °F). Étendre les noix sur une plaque à pâtisserie ou dans un moule peu profond. Faire griller légèrement au four de 10 à 12 min, en remuant une ou deux fois, jusqu'à ce qu'elles dégagent tout leur arôme. Hacher grossièrement.

• Pour préparer le coulis : À l'aide du mélangeur ou du robot de cuisine, mélanger le persil, 60 g (½ tasse) de noix et 3 c. à soupe de jus de citron. Hacher finement en raclant une fois les parois du bol. Tandis que le moteur continue de tourner, verser 125 ml (½ tasse) d'huile en un mince filet. Réduire en purée épaisse. Saler et poivrer au goût.

• Dans un bol moyen, fouetter le jus de citron restant avec l'huile d'olive restante. Saler et poivrer au goût. Couper les bouts des pamplemousses. À l'aide d'un petit couteau bien affûté, retirer délicatement l'écorce et les filaments blancs. Passer le couteau entre les cloisons pour libérer la pulpe ; jeter les pépins. Mettre les morceaux de pamplemousse dans le bol avec les endives et les noix restantes. Remuer délicatement.

• Chauffer une grande poêle à frire à feu vif. Ajouter l'huile de noix. Ajouter les pétoncles. Cuire environ 4 min, en les retournant une seule fois, jusqu'à ce qu'ils brunissent des deux côtés et soient presque complètement opaques. Retirer du feu. Laisser reposer dans la poêle pendant qu'on assemble la salade.

• Pour servir, mettre 2 pétoncles de chaque côté de 4 assiettes individuelles (2 pétoncles par assiette). Napper chaque pétoncle avec un peu de coulis. À l'aide d'une pince, servir la salade au centre de chaque assiette. Servir immédiatement.

Salade de haricots de Lima aux crevettes et aux amandes

4 à 6 portions

INGRÉDIENTS

- 60 g (1/2 tasse) d'amandes, hachées
- 7 c. à soupe d'huile d'olive extravierge
- 600 g (20 oz) de petits haricots de Lima, décongelés
- 1 c. à soupe de romarin frais, émincé
- 1 c. à café (1 c. à thé) de thym frais, émincé
- Environ 3/4 c. à café (3/4 c. à thé) de sel
- 2 grosses gousses d'ail, émincées
- 250 ml (1 tasse) d'eau
- 480 g (1 lb) de crevettes moyennes, décortiquées et déveinées
- 2 grosses tomates, épépinées et coupées en cubes de 12 mm (1/2 po)
- 3 c. à soupe de jus de citron fraîchement pressé
- Environ 1/2 c. à café (1/2 c. à thé) de poivre fraîchement moulu
- Feuilles de laitue (facultatif)
- Quartiers de citron (garniture)
- Brins de romarin frais (garniture)

PRÉPARATION

Servez cette salade en entrée ou avec un assortiment d'antipasti. Dégustez-la aussi lors d'un pique-nique avec un bon sauvignon blanc bien frais.

• Préchauffer le four à 180 °C (350 °F). Étendre les amandes sur une plaque à pâtisserie ou dans un moule peu profond. Faire griller légèrement au four de 8 à 10 min, en remuant une ou deux fois, jusqu'à ce qu'elles dégagent tout leur arôme. Laisser refroidir.

• Dans une grande poêle à frire, chauffer 1 c. à soupe d'huile à feu moyen. Ajouter les haricots de Lima, le romarin, le thym, 1/2 c. à café (1/2 c. à thé) de sel et la moitié de l'ail. Cuire de 1 à 2 min, en remuant, jusqu'à ce que l'ail dégage son arôme. Verser l'eau. Augmenter le feu à chaleur moyenne-vive et amener à ébullition. Cuire à découvert de 3 à 5 min, en remuant de temps à autre, jusqu'à ce que les haricots soient tendres et que le liquide soit évaporé. Verser dans un grand bol. Incorporer 4 c. à soupe d'huile et laisser refroidir.

• Dans la même poêle, réchauffer l'huile restante (2 c. à soupe) à feu moyen. Ajouter l'ail restant et cuire environ 1 min en remuant. Ajouter les crevettes et 1/4 c. à café (1/4 c. à thé) de sel. Augmenter le feu à chaleur moyenne-vive et cuire de 3 à 4 min, en remuant, jusqu'à ce que les crevettes soient roses et complètement opaques. Incorporer les tomates et réchauffer environ 1 min, en remuant. Retirer du feu et incorporer le jus de citron. Laisser refroidir.

• Mélanger les crevettes et les jus de cuisson avec les haricots de Lima. Saler et poivrer au goût.

• Juste avant de servir, incorporer les amandes. À l'aide d'une écumoire, servir sur des feuilles de laitue ou directement sur l'assiette. Garnir avec des quartiers de citron et servir à la température ambiante.

INGRÉDIENTS

PRÉPARATION

Salade de pommes et de radicchio

(Bradley Ogden) **4 à 6 portions**

NOIX GLACÉES ÉPICÉES

- 2 c. à soupe de beurre non salé
- 3 c. à soupe de sucre
- 3 c. à soupe d'eau
- $^1/_2$ c. à café ($^1/_2$ c. à thé) de sel
- $^1/_2$ c. à café ($^1/_2$ c. à thé) de poivre fraîchement moulu
- Une pincée de cayenne
- 80 g ($^2/_3$ tasse) de noix

VINAIGRETTE

- 30 g ($^1/_4$ tasse) d'oignons, en petits dés
- 2 gousses d'ail, émincées
- Une pincée de moutarde sèche
- 10 g ($^1/_4$ tasse) de basilic frais, haché
- 10 g ($^1/_4$ tasse) de persil plat frais, haché
- 60 ml ($^1/_4$ tasse) de vinaigre balsamique
- 60 ml ($^1/_4$ tasse) d'huile d'olive
- 3 c. à soupe de jus de citron fraîchement pressé
- 1 c. à café (1 c. à thé) de zeste de citron fraîchement râpé
- $^1/_2$ c. à café ($^1/_2$ c. à thé) de gros sel
- $^1/_2$ c. à café ($^1/_2$ c. à thé) de poivre fraîchement moulu

- 1 tête de radicchio (chicorée rouge) (environ 300 g/10 oz)
- 3 pommes (Fuji de préférence), évidée et coupées en cubes de 12 mm ($^1/_2$ po)
- 90 g ($^3/_4$ tasse) de fromage bleu, émietté
- Gros sel et poivre fraîchement moulu
- Feuilles de radicchio (trévise) (garniture) Tranches de pomme (garniture)

La vinaigrette peut être servie sur n'importe quelle salade. Essayez-la avec de fines tranches de fenouil, des pommes et des noix ou avec de la romaine, des tranches de betterave et des quartiers d'orange. Le chef Ogden a créé un parfait équilibre entre la saveur amère du radicchio et le goût sucré-épicé des noix, du fromage et des pommes.

• Pour préparer les noix : Couvrir une plaque à pâtisserie avec du papier d'aluminium ou du papier parchemin. Faire fondre le beurre dans une grande poêle à frire à fond épais à feu moyen. Incorporer le sucre, l'eau, le sel, le poivre et le cayenne. Amener à ébullition. Ajouter les noix et bien les enrober en remuant. Cuire environ 5 min, sans cesser de remuer, jusqu'à ce que le sucre commence à caraméliser et que les noix soient glacées. Étendre les noix sur une seule couche sur la plaque et les séparer à l'aide d'une fourchette. Laisser refroidir complètement.

• Pour préparer la vinaigrette : Dans un petit bol, mélanger les oignons, l'ail et la moutarde. Ajouter le basilic, le persil, le vinaigre, l'huile, le jus et le zeste de citron, le sel et le poivre. Bien remuer. Laisser reposer 30 min à la température ambiante. Rectifier l'assaisonnement au goût.

• Pour assembler la salade : Jeter les feuilles abîmées du radicchio. Couper la tête en deux, puis couper chaque morceau en lanières.

• Dans un grand bol, mélanger le radicchio, les pommes, le fromage bleu et les noix. Remuer délicatement. Ajouter 125 ml ($^1/_2$ tasse) de vinaigrette et remuer. Ajouter du sel et du poivre si nécessaire. (Réserver la vinaigrette restante pour un autre usage.) Garnir avec des feuilles de radicchio et des tranches de pomme. Servir immédiatement.

Triangles épicés au poulet et aux noix

Donne 36 triangles

INGRÉDIENTS

- 60 g (1/2 tasse) de noix, hachées
- 1 1/2 c. à soupe d'huile de noix ou d'huile végétale
- 60 g (1/2 tasse) d'oignons, finement hachés
- 180 g (6 oz) de demi-poitrines de poulet, sans peau et désossées, finement hachées
- 2 c. à soupe de raisins secs ou de canneberges séchées sucrées
- 1 c. à soupe d'olives vertes farcies au piment doux, finement hachées
- 2 c. à café (2 c. à thé) de piments chipotle en purée ou 1/2 c. à café (1/2 c. à thé) de chilis broyés
- 1 petite gousse d'ail, pressée ou hachée
- Environ 1/4 c. à café (1/4 c. à thé) de sel
- 1/2 c. à café (1/2 c. à thé) de cumin moulu
- 1/4 c. à café (1/4 c. à thé) de cannelle moulue
- Une pincée de cayenne
- 60 g (1/2 tasse) de fromage monterey jack, râpé
- 6 feuilles de pâte phyllo, décongelées
- 120 g (1/2 tasse) de beurre non salé, fondu

PRÉPARATION

La préparation étant longue, vous pouvez conserver les triangles non cuits dans le réfrigérateur ou le congélateur jusqu'au moment de servir. Congelez-les sur des plaques à pâtisserie et mettez-les ensuite dans des sacs à congélation. Mettez-les directement dans le four en augmentant le temps de cuisson de quelques minutes. Assurez-vous que la garniture est chaude avant de servir.

• Préchauffer le four à 180 °C (350 °F). Étendre les noix sur une plaque à pâtisserie ou dans un moule peu profond. Faire griller légèrement au four de 8 à 10 min, en remuant une ou deux fois, jusqu'à ce qu'elles dégagent tout leur arôme. Laisser refroidir.

• Dans une poêle à frire moyenne, chauffer l'huile à feu moyen. Ajouter les oignons et cuire environ 5 min, jusqu'à ce qu'ils soient tendres mais sans les faire brunir. Incorporer le poulet, les canneberges, les olives, les piments, l'ail, le sel, le cumin, la cannelle et le cayenne. Cuire environ 5 min, en remuant souvent, jusqu'à ce que le poulet perde sa couleur rosée. Saler si nécessaire. Laisser refroidir. Incorporer les noix et le fromage.

• Étendre la pâte phyllo sur un plan de travail et la découper sur la longueur en 6 lanières de 5 à 8 cm (2 à 3 po) de largeur. Pour l'empêcher de sécher, la couvrir avec de la pellicule plastique puis avec un linge humide.

• Badigeonner une lanière de pâte avec du beurre fondu. Mettre 1/2 c. à café (1/2 c. à thé) comble de poulet sur le coin d'un des bouts les plus étroits de la pâte.

• Rabattre la moitié libre sur la garniture et souder les bords en les pinçant pour former un triangle. Continuer à plier la pâte comme on plie un drapeau en prenant soin de garder la forme d'un triangle. Badigeonner avec du beurre et couvrir de pellicule plastique pour empêcher la pâte de sécher. Faire de même avec les 5 autres lanières de pâte. (Si on fait la recette à l'avance, conserver les triangles jusqu'à 8 h dans le réfrigérateur ou les congeler pour un usage ultérieur.)

• Préchauffer le four à 180 °C (350 °F). Couvrir une grande plaque à pâtisserie avec du papier d'aluminium ou du papier parchemin et vaporiser avec de l'huile végétale. Mettre les triangles sur la plaque en laissant environ 2,5 cm (1 po) entre eux.

INGRÉDIENTS

- 1,1 à 1,3 kg (2 1/2 à 3 lb) d'asperges
- 1 c. à café (1 c. à thé) d'huile de noix ou d'huile végétale
- 3/4 c. à café (3/4 c. à thé) de sel
- 3 c. à soupe de vinaigre de riz
- 2 c. à soupe de sauce aux prunes orientale
- 1 1/2 c. à soupe de sauce soja
- 1 c. à soupe de miel
- 3/4 c. à café (3/4 c. à thé) de moutarde sèche
- 1 c. à soupe d'huile de sésame orientale
- 80 g (2/3 tasse) de noix glacées au sésame

PRÉPARATION

Salade d'asperges et de noix glacées au sésame

(Martin Yan) **4 à 6 portions**

Le chef chinois le plus populaire de l'heure nous propose une salade des plus simples composée d'asperges tendres, de vinaigrette de soja et de noix glacées bien croquantes. Une combinaison gagnante !

• Bien nettoyer les asperges et les couper diagonalement en morceaux de 4 cm (1 1/2 po). Amener environ 5 cm (2 po) d'eau à ébullition dans une grande poêle à frire ou une grande casserole placée à feu vif. Ajouter les asperges, l'huile de noix et le sel. Cuire de 1 à 3 min, jusqu'à ce qu'elles soient tendres et croquantes. Égoutter immédiatement et plonger dans un bol d'eau glacée. Égoutter et bien éponger avec du papier absorbant. Couvrir et conserver dans le réfrigérateur jusqu'au moment de servir (pas plus de 8 h).

• Pour préparer la vinaigrette : Dans un petit bol, fouetter ensemble le vinaigre, la sauce aux prunes, la sauce soja, le miel et la moutarde. Incorporer l'huile de sésame sans cesser de fouetter.

• Juste avant de servir, mélanger les asperges et la vinaigrette dans un grand bol. Dresser les asperges sur une grande assiette et couvrir avec les noix.

TRUC

Si les asperges ne sont pas parfaitement tendres, pelez-les à l'aide d'un couteau économe en allant de la pointe vers le pied. Elles seront plus faciles à manger et beaucoup plus présentables. Attendez à la toute dernière minute avant de mélanger les asperges avec la vinaigrette afin qu'elles ne perdent pas leur belle couleur brillante. Le printemps venu, servez ce merveilleux légume de mille et une façons : salades composées, soupes, frites, etc. – M.Y.

E N T R É E S

Les fermiers ont plus de temps pour penser
que les gens de la ville. C'est pourquoi
j'ai toujours été convaincu
que les fermiers étaient les personnes
les plus brillantes au monde.

HARRY S. TRUMAN

LE SECRET DES NOIX GRILLÉES

Le grand chef Jacques Pépin adore déguster des noix fraîchement épluchées. Il apprécie également le goût des noix grillées et nous offre cette recette qui allie le meilleur des deux mondes. Préchauffer le four à 190 °C (375 °F). Pour 4 portions, étendre 480 g (4 tasses) de noix en écale sur une plaque à pâtisserie et les mettre au four. Après 20 min, retirer délicatement une noix à l'aide d'un linge ou d'un gant de cuisine et l'ouvrir. La chair doit être parfumée et légèrement grillée. Si elle est encore pâle, laisser au four quelques minutes de plus. Laisser les noix refroidir et les servir dans un bol avec des fruits, du fromage… et le casse-noix bien sûr. Grâce à la cuisson au four, les noix seront plus faciles à ouvrir.

Saumon en croûte de noix avec bettes à l'ail et noix

4 portions

PRÉPARATION

Vous avez probablement la plupart des ingrédients suivants dans votre cuisine. Si vous ne trouvez pas de bettes à cardes, remplacez-les par des épinards. Ce saumon en croûte est vraiment spectaculaire.

• Couvrir une plaque à pâtisserie avec du papier d'aluminium ou du papier parchemin et vaporiser avec de l'huile végétale. Saler et poivrer légèrement le poisson sur les deux faces. Mettre les filets sur la plaque en laissant 5 cm (2 po) entre eux.

• Dans un petit bol, mélanger la mayonnaise, le parmesan, le jus de citron et le cayenne. Étendre uniformément sur les filets, puis couvrir chacun avec 2 c. à soupe de noix. (Si on fait la recette à l'avance, couvrir avec de la pellicule plastique et conserver jusqu'à 4 jours dans le réfrigérateur.)

• Hacher grossièrement les cardes et les feuilles de bettes séparément et rincer à l'eau froide. Égoutter dans une passoire, mais ne pas éponger. Dans une grande poêle à frire ou une grande casserole, mélanger les cardes et l'ail. Couvrir et cuire de 2 à 3 min à feu moyen, en remuant une ou deux fois. Ajouter les feuilles de bettes et cuire de 3 à 5 min pour les attendrir. Transvider dans une passoire. Préchauffer le four à 200 °C (400 °F).

• Dans la même poêle, faire fondre le beurre dans l'huile à feu moyen. Ajouter les noix restantes et cuire de 3 à 5 min, en remuant, jusqu'à ce qu'elles soient dorées et dégagent tout leur arôme. Ajouter les bettes et l'ail. Réchauffer en remuant. Saler et poivrer au goût.

• Cuire le poisson au four de 5 à 8 min, jusqu'à ce qu'il soit complètement opaque et que les noix brunissent légèrement. Pour servir, répartir les bettes sur 4 assiettes chaudes. Couvrir avec un filet de saumon et garnir avec des quartiers de citron.

INGRÉDIENTS

- 4 filets de saumon de 12 mm (½ po) d'épaisseur et de 120 à 180 g (4 à 6 oz) chacun, sans peau
- Sel et poivre fraîchement moulu
- 3 c. à soupe de mayonnaise
- 3 c. à soupe de parmesan fraîchement râpé
- 1 c. à café (1 c. à thé) de jus de citron fraîchement pressé
- Une pincée de cayenne
- 120 g (1 tasse) de noix tranchées
- 720 g (1 ½ lb) de bettes à cardes, parées
- 4 gousses d'ail, émincées
- 3 c. à soupe de beurre non salé
- 1 ½ c. à café (1 ½ c. à thé) d'huile de noix à l'ail grillé, d'huile de noix ou d'huile d'olive
- Quartiers de citron (garniture)

Thon en croûte de pacanes avec salsa à la mangue

4 portions

INGRÉDIENTS

SALSA

- 2 mangues mûres de 360 g (12 oz) chacune, pelées et coupées en tranches de 12 mm (1/2 po)
- 2 c. à soupe d'oignons rouges, finement hachés
- 2 c. à soupe de jus de lime (citron vert) fraîchement pressé
- 10 g (1/4 tasse) de coriandre ou de menthe fraîche, hachée
- Une pincée de sel
- Une pincée de sucre

- 60 g (1/2 tasse) de pacanes, broyées
- 4 darnes de thon de 2,5 cm (1 po) d'épaisseur et de 180 à 240 g (6 à 8 oz) chacune
- 4 c. à café (4 c. à thé) de bourbon (facultatif)
- 1 1/2 c. à café (1 1/2 c. à thé) de gros sel
- 2 c. à soupe de poivre fraîchement concassé
- Brins de coriandre fraîche (garniture)

PRÉPARATION

La salsa adoucit le goût des grains de poivre et le bourbon rehausse subtilement celui des pacanes. Concassez le poivre vous-même plutôt que de l'acheter en pot. Si vous n'avez pas de moulin à poivre, mettez les grains dans une poêle et concassez-les avec une casserole lourde.

• Pour préparer la salsa : Dans un bol moyen, mélanger les mangues, les oignons, le jus de lime, la coriandre, le sel et le sucre. Remuer délicatement. Couvrir et conserver jusqu'à 1 h dans le réfrigérateur.

• Pendant ce temps, préparer le poisson : Préchauffer le four à 180 °C (350 °F). Sur une grande plaque à pâtisserie ou dans un bol peu profond, étendre les pacanes sur une seule couche. Faire griller légèrement au four de 5 à 10 min, en remuant une ou deux fois, jusqu'à ce qu'elles dégagent tout leur arôme. Laisser refroidir.

• Frotter chaque darne sur les deux faces avec 1/2 c. à café (1/2 c. à thé) de bourbon. Saler légèrement avec 1/2 c. à café (1/2 c. à thé) de sel. Dans un petit bol, mélanger les pacanes et le poivre. Répartir ce mélange sur les darnes en pressant délicatement sur les deux faces. Laisser reposer 30 min à la température ambiante.

• Saupoudrer le sel restant au fond d'une poêle à frire de 25 à 30 cm (10 à 12 po) placée à feu moyen-vif. Quand la poêle est chaude, mettre les darnes et les presser à l'aide d'une spatule. Cuire environ 2 min. Retourner les darnes et cuire environ 2 min de plus, jusqu'à ce que l'extérieur soit cuit et que l'intérieur soit toujours rosé. Mettre les darnes sur un plan de travail. Laisser reposer 1 min avant de les découper diagonalement en tranches de 12 mm (1/2 po). Servir la salsa sur chacune des 4 assiettes individuelles. Dresser les tranches de poisson par-dessus en les faisant légèrement se chevaucher.

Truites sautées avec beurre de citron et amandes

4 portions

Après avoir fait des kilomètres à bicyclette dans la campagne française, arrêtez-vous au bord d'un cours d'eau et capturez quelques truites pour votre repas du soir. Blague à part, arrêtez-vous au marché et choisissez les poissons les plus frais qui soient.

PRÉPARATION

• Saler et poivrer l'intérieur et l'extérieur des truites. Mettre le lait dans un bol peu profond, puis la farine dans un autre. Tremper les truites dans le lait, puis les passer dans la farine. Faire tomber l'excédent de farine en les secouant légèrement.

• Dans une grande poêle à frire, faire fondre 2 c. à soupe de beurre dans l'huile à feu moyen-vif. Cuire les truites (procéder en deux fois si la poêle n'est pas assez grande) de 7 à 9 min en les retournant une seule fois. Elles doivent être croustillantes et dorées à l'extérieur et la chair doit être opaque. Transvider sur une assiette chaude. Jeter le gras resté dans la poêle.

• Dans la même poêle, faire fondre 2 c. à soupe de beurre à feu moyen. Ajouter les amandes et cuire en remuant environ 3 min, jusqu'à ce qu'elles soient légèrement dorées. Incorporer le persil et le jus de citron et racler le fond de la poêle pour détacher les morceaux qui sont restés collés. Verser sur le poisson et servir immédiatement avec des quartiers de citron.

INGRÉDIENTS

- 4 truites entières de 300 à 360 g (10 à 12 oz) chacune, nettoyées et vidées (garder la tête et la queue), rincées et bien épongées
- Sel et poivre fraîchement moulu
- 125 ml (1/2 tasse) de lait
- 90 g (1/2 tasse) de farine tout usage
- 60 g (1/4 tasse) de beurre non salé
- 1 c. à soupe d'huile de noix ou d'huile d'olive
- 60 g (1/2 tasse) d'amandes tranchées
- 13 g (1/3 tasse) de persil plat frais, haché
- 60 ml (1/4 tasse) de jus de citron fraîchement pressé
- Quartiers de citron (garniture)

Pain de champignons et de noix à la sauce piperade

4 à 6 portions

INGRÉDIENTS

- 240 g (2 tasses) de noix tranchées
- 2 c. à soupe d'huile de noix
- 90 g (3/4 tasse) d'oignons, finement hachés
- 2 gousses d'ail
- 180 g (2 tasses) de champignons, hachés
- 680 g (2 tasses) de riz blanc, cuit
- 5 œufs, légèrement battus
- 240 g (2 tasses) de fromage monterey jack, râpé
- 250 g (1 tasse) de fromage cottage
- 60 g (1/2 tasse) de parmesan fraîchement râpé
- 2 c. à soupe de persil plat frais, haché
- 1 c. à soupe de marjolaine fraîche, hachée
- 1 1/2 c. à café (1 1/2 c. à thé) de sel
- 1/4 c. à café (1/4 c. à thé) de poivre fraîchement moulu

(Voir recettes de sauces, p. 50)

PRÉPARATION

Voici un pain végétarien tout aussi délicieux qu'un pain de viande. Servez-le avec une purée de pommes de terre et des haricots verts et vous ferez un repas très équilibré. Si vous préférez une sauce plus douce et plus crémeuse, essayez la variante de la page 50. Ces sauces sont aussi excellentes avec du brocoli, du chou-fleur, des haricots verts ou des asperges.

• Pour préparer le pain de champignons et de noix : Préchauffer le four à 180 °C (350 °F). Étendre les noix sur une plaque à pâtisserie ou dans un moule peu profond. Faire griller légèrement au four de 5 à 10 min, en remuant une ou deux fois, jusqu'à ce qu'elles dégagent tout leur arôme. Laisser refroidir. Augmenter la température du four à 190 °C (375 °F). Vaporiser un moule à pain de 13 x 23 cm (5 x 9 po) avec de l'huile végétale et réserver.

• Dans une grande poêle à frire, chauffer l'huile de noix à feu moyen. Ajouter les oignons et cuire de 3 à 5 min, en remuant de temps à autre, jusqu'à ce qu'ils soient tendres mais sans les faire brunir. Ajouter l'ail et les champignons et cuire de 5 à 6 min, en remuant de temps à autre, jusqu'à ce que l'eau des champignons soit évaporée. Laisser refroidir un peu.

• Dans un grand bol, mélanger les noix, le riz et les œufs. Incorporer les trois fromages, le persil et la marjolaine en remuant bien. Incorporer les champignons, le sel et le poivre. Bien remuer.

• Verser la préparation dans le moule. Cuire au four environ 45 min, jusqu'à ce que le dessus soit doré et ferme. Laisser reposer 10 min avant de démouler sur une assiette. Découper en tranches et servir chaud ou à la température ambiante avec la sauce piperade versée sur le côté.

• Pour préparer la sauce piperade : Dans une poêle à frire moyenne, chauffer l'huile et le thym à feu moyen. Ajouter les oignons et cuire de 3 à 5 min, en remuant de temps à autre, jusqu'à ce qu'ils soient tendres mais sans les faire brunir. Ajouter les poivrons et cuire de 5 à 7 min en remuant jusqu'à ce qu'ils soient tendres.

• Verser le vin et augmenter le feu à chaleur vive. Cuire environ 2 min, en raclant le fond de la poêle pour détacher les morceaux qui sont restés collés, jusqu'à légère réduction du vin. Retirer du feu.

• Incorporer l'huile de noix, le vinaigre et le persil. Saler et poivrer. Couvrir et conserver jusqu'à 3 jours dans le réfrigérateur. Servir la sauce légèrement refroidie ou à la température ambiante.

(Suite page 50)

PRÉPARATION

VARIANTE

Sauce aux poivrons et aux noix

Donne 375 ml (1 ½ tasse)

• Préchauffer le four à 180 °C (350 °F). Étendre les noix sur une plaque à pâtisserie ou dans un moule peu profond. Faire griller légèrement au four de 10 à 12 min, en remuant une ou deux fois, jusqu'à ce qu'elles dégagent tout leur arôme. Laisser refroidir.

• Dans une casserole moyenne, mélanger l'eau, les poivrons, les oignons et l'ail à feu moyen-vif. Lorsque l'eau arrive à ébullition, réduire le feu à chaleur très douce et cuire environ 20 min, jusqu'à ce que les légumes soient tendres. Égoutter dans une passoire fine et réserver le liquide de cuisson.

• À l'aide du mélangeur ou du robot de cuisine, réduire les légumes et les noix en une sauce onctueuse. Tandis que le moteur continue de tourner, verser environ 60 ml (¼ tasse) du liquide de cuisson. La sauce doit être juste assez épaisse pour bien napper le dos d'une cuillère. Rajouter du liquide si nécessaire. Saler et poivrer. Couvrir et conserver jusqu'à 3 jours dans le réfrigérateur. Servir la sauce légèrement refroidie ou à la température ambiante.

DES NOIX À TOUTES LES SAUCES

Voici les recettes de noix les plus simples au monde. Préparez votre plat préféré (salade, sandwich, poisson, poulet, soupe, pizzas, etc.) et ajoutez-y une bonne poignée de noix grillées. Fouettez quelques noix moulues dans votre vinaigrette. Elles seront presque invisibles, mais la vinaigrette sera plus riche et plus consistante. Rehaussez le goût de vos légumes avec quelques gouttes d'huile de noix et quelques noix grillées hachées. Mettez des noix dans vos plats à base de céréales. Amusez-vous et n'oubliez pas qu'il est impossible de vous tromper. Les noix donneront du goût à tous vos mets et indiqueront à vos invités qu'une bonne alimentation vous tient à cœur.

INGRÉDIENTS

SAUCE PIPERADE

- 3 c. à soupe d'huile d'olive
- 1 c. à café (1 c. à thé) de thym frais, haché
- 1 oignon, coupé en deux, puis en fines tranches
- 1 poivron rouge, équeuté, épépiné et coupé sur la longueur
- 125 ml (1/2 tasse) de vin blanc sec
- 60 ml (1/4 tasse) d'huile de noix
- 1 c. à soupe de vinaigre de vin blanc ou de vinaigre de champagne
- 1 c. à café (1 c. à thé) de persil plat frais, haché
- Sel et poivre fraîchement moulu

SAUCE AUX POIVRONS ET AUX NOIX

- 60 g (½ tasse) de noix
- 750 ml (3 tasses) d'eau
- 1 poivron rouge, équeuté, épépiné et haché
- 1 oignon, coupé en deux puis en fines tranches
- 2 gousses d'ail
- Sel et poivre fraîchement moulu

INGRÉDIENTS

- 4 demi-poitrines de poulet, sans peau et désossées (environ 720 g/1 1/2 lb en tout)
- 60 ml (1/4 tasse) de jus de citron fraîchement pressé
- 2 c. à soupe d'huile de noix ou d'huile d'olive
- 1 gousse d'ail, émincée
- 40 g (1/3 tasse) de noix tranchées
- 1/2 c. à café (1/2 c. à thé) de sel
- 1/4 c. à café (1/4 c. à thé) de poivre fraîchement moulu
- 2 c. à soupe de beurre non salé
- 80 ml (1/3 tasse) de bouillon de poulet (p. 152)
- 1 c. à café (1 c. à thé) de zeste de citron, émincé
- 2 c. à soupe de moutarde de Dijon
- 2 à 3 c. à soupe de fines herbes fraîches, finement hachées (mélange au choix de romarin, thym, basilic, origan et persil plat)

PRÉPARATION

Poitrines de poulet aux fines herbes et aux noix

4 portions

Le poulet est tendre et savoureux et la sauce aux noix et aux fines herbes est croquante et irrésistible. Servez ce plat avec des haricots verts et une purée de pommes de terre au babeurre.

• À l'aide d'un petit maillet à viande ou d'un autre objet lourd, aplatir les poitrines de poulet à 12 mm (1/2 po) d'épaisseur. Dans un sac de plastique résistant de 4,5 litres ou un grand bol, mélanger 2 c. à soupe de jus de citron, 1 c. à soupe d'huile de noix et l'ail. Ajouter le poulet et bien l'enrober. Sceller le sac. Laisser mariner jusqu'à 2 h à la température ambiante ou jusqu'à 24 h dans le réfrigérateur.

• Dans une grande poêle à frire, griller les noix à feu moyen de 3 à 5 min, en remuant, jusqu'à ce qu'elles brunissent légèrement et dégagent tout leur arôme. Retirer de la poêle et laisser refroidir.

• Sortir le poulet du sac et jeter la marinade. Éponger le poulet, saler et poivrer. Dans la même poêle, faire fondre 1 c. à soupe de beurre à feu moyen dans l'huile de noix restante (1 c. à soupe). Ajouter le poulet et cuire de 6 à 8 min, en remuant, jusqu'à ce que l'extérieur brunisse légèrement et que l'intérieur soit cuit mais encore juteux. Mettre le poulet sur une assiette et réserver au chaud.

• Ajouter le jus de citron restant, le bouillon et le zeste de citron dans la poêle. Augmenter la température à feu vif et amener à ébullition. Cuire de 1 à 2 min, en raclant le fond de la poêle pour détacher les morceaux qui sont restés collés, jusqu'à légère réduction du liquide. Réduire le feu à chaleur très douce. Ajouter le beurre restant (1 c. à soupe) et la moutarde. Fouetter vigoureusement. Incorporer les fines herbes et les noix. Remettre le poulet et son jus (s'il y a lieu) dans la poêle. Bien l'enrober avec la préparation aux noix. Cuire 1 ou 2 min de plus pour réchauffer. Servir sur des assiettes chaudes avec les noix restées dans la poêle.

Fricassée de poulet avec dumplings au babeurre et aux noix

4 à 6 portions

Vous pouvez préparer la fricassée à l'avance, mais les dumplings doivent être cuits aussitôt qu'ils sont faits. Ce repas à l'ancienne réconfortera le cœur et l'âme de tous vos convives.

INGRÉDIENTS

- 45 g (1/4 tasse) de farine
- 1 1/2 c. à café (1 1/2 c. à thé) de sel
- 1/2 c. à café (1/2 c. à thé) de poivre moulu
- 1/2 c. à café (1/2 c. à thé) de paprika doux
- 1 poulet de 1,6 à 1,8 kg (3 1/2 à 4 lb), coupé en 8 morceaux
- 2 c. à soupe d'huile d'olive
- 1 oignon, coupé en deux puis en tranches
- 1 litre (4 tasses) de bouillon de poulet (p. 152)
- 360 g (12 oz) de petites pommes de terre rouges, coupées en deux
- 12 carottes miniatures, pelées
- 90 g (1/2 tasse) de céleri, en fines tranches

DUMPLINGS

- 60 g (1/2 tasse) de noix
- 360 g (2 tasses) de farine
- 1 1/2 c. à café (1 1/2 c. à thé) de levure chimique
- 1 c. à café (1 c. à thé) de bicarbonate de soude
- 3/4 c. à café (3/4 c. à thé) de sel
- 1/4 c. à café (1/4 c. à thé) de poivre moulu
- 2 c. à soupe de shortening végétal solide
- 7 g (1/4 tasse) d'oignons verts, hachés
- 250 ml (1 tasse) de babeurre

- 300 g (10 oz) de petits pois, congelés
- 3 c. à soupe de persil plat frais, haché
- 1 c. à soupe de thym frais, haché

PRÉPARATION

• Pour préparer la fricassée : Dans un sac de papier, mélanger la farine, 1 c. à café (1 c. à thé) de sel, le poivre et le paprika. Ajouter le poulet, un ou deux morceaux à la fois, et secouer pour bien l'enrober. Faire tomber l'excédent de farine en secouant légèrement.

• Dans un faitout, chauffer l'huile à feu moyen-vif. Ajouter le poulet (procéder en deux fois si le faitout est trop petit) et cuire environ 10 min, en retournant une ou deux fois, jusqu'à ce qu'il brunisse sur toutes les faces. Retirer le poulet du faitout et réserver.

• Réduire le feu à chaleur moyenne. Mettre les oignons dans le faitout et cuire de 5 à 7 min, en remuant de temps à autre, jusqu'à ce qu'ils soient tendres. Jeter le gras resté dans le faitout.

• Ajouter le sel restant, le bouillon, les pommes de terre, les carottes et le céleri. Amener à ébullition à feu vif et racler le fond du faitout pour détacher les morceaux qui sont restés collés. Remettre le poulet dans le faitout et amener à ébullition. Réduire le feu à chaleur douce, couvrir et cuire environ 20 min, jusqu'à ce qu'il soit parfaitement cuit.

• Pendant ce temps, préparer les dumplings : Préchauffer le four à 180 °C (350 °F). Étendre les noix sur une plaque à pâtisserie ou dans un moule peu profond. Faire griller légèrement au four de 5 à 10 min, en remuant une ou deux fois, jusqu'à ce qu'elles dégagent tout leur arôme. Laisser refroidir.

• Dans un bol moyen, fouetter délicatement la farine, la levure chimique, le bicarbonate de soude, le sel et le poivre. À l'aide du mélangeur à pâtisserie ou de deux couteaux, couper le shortening dans la farine jusqu'à ce qu'il ressemble à de petits pois. Incorporer les noix et les oignons verts. Faire un puits au centre, y verser le babeurre et remuer juste un peu pour faire une pâte.

• Pour cuire les dumplings : Enlever le gras qui se trouve à la surface de la fricassée. Incorporer les petits pois, le persil et le thym. Augmenter le feu à chaleur moyenne et amener à ébullition.

• Pour chaque dumpling, plonger une grande cuillère dans le liquide qui mijote et l'utiliser ensuite pour prélever environ 1 1/2 c. à soupe de pâte. Laisser tomber la pâte dans la fricassée, de préférence sur un morceau de poulet. Faire de même jusqu'à épuisement de la pâte. On obtiendra environ 12 dumplings.

• Couvrir le faitout hermétiquement et réduire le feu à chaleur très douce. Cuire environ 20 min, sans soulever le couvercle, jusqu'à ce que les dumplings soient gonflés, fermes et parfaitement cuits. Servir immédiatement.

Poitrines de poulet en croûte de pacanes

(Kimball Jones) **4 portions**

INGRÉDIENTS

- 60 g (1/2 tasse) de pacanes, hachées
- 4 demi-poitrines de poulet, sans peau et désossées
- 1/2 c. à café (1/2 c. à thé) de sel
- 1/4 c. à café (1/4 c. à thé) de poivre fraîchement moulu
- 6 c. à soupe de farine
- 1 œuf
- 1 c. à soupe de crème fraîche épaisse (35 %)
- 40 g (1/4 tasse) de semoule de maïs jaune
- 1/2 c. à café (1/2 c. à thé) de cayenne
- Une pincée de cumin moulu
- Une pincée de cannelle moulue
- Huile végétale pour la friture
- Brins de persil plat frais (garniture)
- Quartiers de citron (facultatif)

PRÉPARATION

Servez ce poulet avec un bol de Sauce romesco (p. 25), des choux de Bruxelles et des poivrons. Servez les restes en salade avec des épinards, des pacanes grillées, des tranches fines d'oignons rouges et une vinaigrette huile et citron.

• Moudre finement les pacanes l'aide du robot de cuisine.

• À l'aide d'un petit maillet à viande ou d'un autre objet lourd, aplatir les poitrines de poulet à 12 mm (1/2 po) d'épaisseur. Saler et poivrer. Passer dans 4 c. à soupe de farine. Faire tomber l'excédent de farine en les secouant légèrement.

• Dans un bol peu profond, fouetter l'œuf et la crème pour obtenir un mélange homogène. Dans un autre bol ou moule peu profond, mélanger les pacanes, la semoule de maïs, la farine restante (2 c. à soupe), le cayenne, le cumin et la cannelle. Tremper les poitrines, une à la fois, dans l'œuf battu, puis les passer dans le mélange pacanes-farine en les pressant délicatement pour bien les enrober des deux côtés. Mettre le poulet sur une grille.

• Dans une grande poêle à frire, chauffer 6 mm (1/4 po) d'huile à feu moyen-vif. Cuire le poulet en procédant en deux fois si la poêle n'est pas assez grande. Cuire de 5 à 7 min, jusqu'à ce que l'extérieur brunisse légèrement et que l'intérieur soit cuit mais encore juteux. Égoutter sur du papier absorbant et servir immédiatement. Garnir avec des brins de persil et des quartiers de citron.

Poulet des Cornouailles farci et rôti

4 portions *(Jacques Pépin)*

Le réputé chef Jacques Pépin recommande d'utiliser des poulets partiellement désossés. Si vous n'êtes pas familier avec la technique de désossage, demandez à votre boucher de le faire pour vous. Achetez du bulghur en vrac dans une épicerie d'aliments naturels ; il est moins coûteux que celui vendu en boîte.

PRÉPARATION

- Dans une petite casserole, amener 250 ml (1 tasse) d'eau à ébullition. Incorporer le bulghur et retirer du feu. Laisser reposer 1 h puis égoutter dans une passoire fine.
- Pendant ce temps, préchauffer le four à 180 °C (350 °F). Étendre les noix sur une plaque à pâtisserie ou dans un moule peu profond. Faire griller légèrement au four de 8 à 10 min, en remuant une ou deux fois, jusqu'à ce qu'elles dégagent tout leur arôme. Laisser refroidir.
- Pour désosser les poulets : Commencer par l'ouverture du cou. Sans déchirer la peau, couper autour du bréchet et l'enlever. Couper à la jointure des épaules et tirer avec les doigts pour séparer le blanc de l'os. Enlever la cage thoracique et la colonne vertébrale mais laisser les cuisses et les ailes intactes. (Réserver les os pour faire un bouillon ou une soupe.)
- Dans une grande poêle à frire, chauffer 1 c. à soupe d'huile à feu moyen. Ajouter les poireaux et les oignons. Cuire environ 3 min, en remuant de temps à autre, jusqu'à ce qu'ils soient tendres mais sans les faire brunir. Ajouter l'ail, les piments, les pommes, le thym, ½ c. à café (½ c. à thé) de sel, le poivre et le bulghur. Cuire, en remuant, jusqu'à ce que le liquide soit complètement absorbé. Laisser refroidir complètement. Incorporer les noix.
- Préchauffer le four à 220 °C (425 °F). Farcir les poulets avec le bulghur. Retenir la farce à l'aide d'une brochette ou d'une ficelle. Réserver la farce restante.
- Étendre l'huile restante au fond d'une plaque à rôtir. Mettre les poulets dans la plaque et les assaisonner avec le sel restant. Rôtir au four environ 40 min, jusqu'à ce que l'extérieur soit doré et que la chair soit parfaitement cuite. Arroser toutes les 15 min avec les jus et le gras qui s'accumulent au fond de la plaque.
- Mettre les poulets sur une assiette. Jeter le gras resté dans la plaque. Verser l'eau restante dans la plaque et amener à ébullition et racler le fond de la plaque pour détacher les morceaux qui sont restés collés. Enlever les brochettes ou la ficelle et couper les poulets en deux. Répartir la farce restante sur 4 assiettes chaudes. Servir le poulet par-dessus et arroser avec les jus de cuisson. Garnir avec des tranches de pomme sautées.

INGRÉDIENTS

- 375 ml (1 ½ tasse) d'eau
- 70 g (⅓ tasse) de bulghur
- 60 g (½ tasse) de noix, hachées
- 2 poulets des Cornouailles (ou coquelets) de 600 à 840 g (1 ¼ à 1 ¾ lb)
- 1 c. à soupe + 1 c. à café (1 c. à thé) d'huile de canola
- 200 g (1 ¼ tasse) de poireaux, hachés (parties blanches et vert tendre seulement)
- 90 g (¾ tasse) d'oignons, hachés
- 1 ½ c. à café (1 ½ c. à thé) d'ail, émincé
- Environ 1 c. à café (1 c. à thé) de piment jalapeno, finement haché
- 1 pomme Granny Smith, évidée et coupée en morceaux de 18 mm (⅜ po)
- 2 c. à café (2 c. à thé) de thym frais, finement haché ou ½ c. à café (½ c. à thé) de thym séché
- ¾ c. à café (¾ c. à thé) de sel
- ¼ c. à café (¼ c. à thé) de poivre fraîchement moulu
- Tranches de pomme sautées (garniture)

Casserole de poulet et de riz sauvage aux pacanes

PRÉPARATION

4 à 6 portions

Ce plat peut être préparé à l'avance et mis au four à la dernière minute. Ajustez la quantité d'ingrédients à votre goût. Vous pouvez remplacer le riz brun et le riz sauvage par la même quantité de riz blanc ou de bulghur.

• Préchauffer le four à 180 °C (350 °F). Étendre les pacanes sur une plaque à pâtisserie ou dans un moule peu profond. Faire griller légèrement au four de 7 à 10 min, en remuant une ou deux fois, jusqu'à ce qu'elles dégagent tout leur arôme. Laisser refroidir un peu et hacher grossièrement.

• Dans une grande poêle à frire, chauffer 2 c. à soupe d'huile à feu moyen-vif. Ajouter le poulet et cuire de 5 à 7 min, en remuant, jusqu'à ce que l'extérieur brunisse légèrement et que l'intérieur soit cuit mais encore juteux. Saler et poivrer au goût. À l'aide d'une écumoire, transvider le poulet dans un grand bol.

• Verser l'huile restante (2 c. à soupe) dans la poêle. Ajouter les oignons et cuire environ 5 min, en remuant de temps à autre, jusqu'à ce que les bords commencent à brunir légèrement. Laisser les oignons dans la poêle.

• Ajouter les champignons, le céleri et les poivrons. Cuire de 5 à 7 min, en remuant, jusqu'à ce qu'ils soient tendres mais sans les laisser brunir. Saler et poivrer légèrement. Verser dans le bol contenant le poulet. Ajouter 60 g (1/2 tasse) de pacanes, le riz sauvage, le riz brun, la crème fraîche, le bouillon, le maïs, les oignons verts, l'estragon, le persil et le cayenne. Remuer délicatement. Ajouter du sel et du poivre si nécessaire.

• Beurrer un plat de cuisson de 2 litres (8 tasses). Verser la préparation et couvrir avec les pacanes restantes. Cuire au four à découvert de 20 à 30 min. Servir immédiatement.

INGRÉDIENTS

- 120 g (1 tasse) de pacanes
- 60 ml (1/4 tasse) d'huile végétale
- 480 g (1 lb) de demi-poitrines de poulet, sans peau et désossées, en fines tranches
- Sel et poivre fraîchement moulu
- 1 oignon rouge, coupé en deux puis en fines tranches
- 240 g (8 oz) de champignons, en tranches
- 90 g (1/2 tasse) de céleri, haché
- 1 poivron rouge, équeuté, épépiné et coupé en carrés de 12 mm (1/2 po)
- 150 g (1 tasse) de riz sauvage, cuit
- 340 g (1 tasse) de riz brun, cuit
- 250 ml (1 tasse) de crème fraîche ou de crème sure
- 500 ml (2 tasses) de bouillon de poulet (p. 152)
- 125 g (2/3 tasse) de grains de maïs frais ou décongelés
- 7 g (1/4 tasse) d'oignons verts, en tranches
- 2 c. à soupe d'estragon frais, émincé ou 1/2 c. à café (1/2 c. à thé) d'estragon séché
- 10 g (1/4 tasse) de persil plat frais, haché
- 1/2 c. à café (1/2 c. à thé) de cayenne (facultatif)

Spezzatino à l'orzo et aux noix

4 à 6 portions

INGRÉDIENTS

- 60 g (1/2 tasse) de noix, hachées ou tranchées
- 720 g (1 1/2 lb) de bœuf, désossé (triangle de base de surlonge)
- Sel et poivre fraîchement moulu
- 60 ml (1/4 tasse) d'huile d'olive
- 1 oignon moyen, coupé en deux puis en fines tranches
- 240 g (8 oz) de cremini ou autres champignons, en quartiers
- 2 gousses d'ail, émincées
- 350 g (1 boîte de 28 oz) de tomates, en dés
- 625 ml (2 1/2 tasses) d'eau ou de bouillon de bœuf
- 200 g (1 tasse) d'orzo ou de riso (pâtes en forme de grains de riz)
- 8 g (1/3 tasse) de basilic frais, haché
- 10 g (1/4 tasse) de persil plat frais, haché
- 40 g (1/3 tasse) de parmesan fraîchement râpé

PRÉPARATION

Ce délice italien se prépare en moins d'une heure. Le secret consiste à couper la viande en tranches très minces. L'orzo et les noix donnent à ce mets la valeur nutritive d'un repas complet.

• Préchauffer le four à 180 °C (350 °F). Étendre les noix sur une plaque à pâtisserie ou dans un moule peu profond. Faire griller légèrement au four de 8 à 10 min, en remuant une ou deux fois, jusqu'à ce qu'elles dégagent tout leur arôme. Laisser refroidir.

• Augmenter la température du four à 190 °C (375 °F).

• Débarrasser le bœuf de tout excédent de gras. Découper en fines tranches et assaisonner avec environ 1 c. à café (1 c. à thé) de sel et 1/2 c. à café (1/2 c. à thé) de poivre. Dans un faitout ou une grande cocotte, chauffer 2 c. à soupe d'huile à feu moyen-vif. Ajouter le bœuf et cuire environ 3 min, en remuant de temps à autre, jusqu'à ce qu'il brunisse. Retirer le bœuf à l'aide d'une écumoire et réserver. Dans le même faitout, chauffer l'huile restante (2 c. à soupe). Ajouter les oignons et cuire environ 5 min, en remuant de temps à autre, jusqu'à ce qu'ils soient tendres mais sans les laisser brunir. Incorporer les champignons et l'ail. Cuire de 4 à 5 min, jusqu'à ce que les champignons brunissent légèrement. Remettre le bœuf dans le faitout. Incorporer les tomates et leur liquide ainsi que l'eau. Amener à ébullition. Couvrir et cuire au four environ 45 min, jusqu'à ce que le bœuf soit tendre quand on le pique avec une fourchette.

• Incorporer l'orzo et les noix. Couvrir et cuire environ 15 min (ou selon les indications inscrites sur l'emballage), jusqu'à ce que l'orzo soit tendre mais encore ferme. Incorporer le basilic et le persil. Saler et poivrer si nécessaire. Verser dans des bols peu profonds chauds. Servir avec du parmesan fraîchement râpé.

Médaillons de porc à la sauce au gingembre, aux poires et aux pacanes

INGRÉDIENTS

- 60 g (1/2 tasse) de pacanes
- 1 longe de porc de 720 g (1 1/2 lb)
- Sel et poivre fraîchement moulu
- 2 c. à soupe d'huile d'olive
- 1 c. à soupe de beurre non salé
- 1 oignon moyen, haché
- 1 c. à café (1 c. à thé) de gingembre frais, râpé
- 1 poire ferme et mûre de 240 g (8 oz) (Bosc de préférence), pelée, évidée et coupée en cubes de 12 mm (1/2 po)
- 1 c. à soupe de confiture ou de marmelade de gingembre (couper les morceaux trop gros)
- 80 ml (1/3 tasse) de bouillon de poulet (p. 152)
- 1 c. à café (1 c. à thé) de jus de citron fraîchement pressé

PRÉPARATION

3 ou 4 portions

Si vous êtes un adepte du sucré-salé, essayez cette recette facile. Ses ingrédients magiques sont la marmelade de gingembre, les pacanes et les poires fraîches. Mélangés aux jus de cuisson du porc, ils se transforment en une sauce fruitée des plus raffinées.

• Préchauffer le four à 180 °C (350 °F). Étendre les pacanes sur une plaque à pâtisserie ou dans un moule peu profond. Faire griller légèrement au four de 7 à 10 min, en remuant une ou deux fois, jusqu'à ce qu'elles dégagent tout leur arôme. Laisser refroidir un peu avant de hacher grossièrement.

• Couper la longe horizontalement en médaillons de 2,5 cm (1 po) d'épaisseur environ. Saler et poivrer. Dans une grande poêle à frire, chauffer l'huile à feu moyen-vif. Ajouter la viande et cuire de 6 à 8 min, en retournant une seule fois, jusqu'à ce que l'extérieur soit doré et qu'il ne reste plus aucune trace de couleur rosée au centre. Mettre les médaillons sur une assiette et réserver au chaud.

• Dans la même poêle, faire fondre le beurre à feu moyen. Ajouter les oignons et le gingembre. Cuire environ 5 min, en remuant de temps à autre, jusqu'à ce qu'ils soient tendres mais sans les laisser brunir. Ajouter les poires, les pacanes et la confiture de gingembre. Cuire de 3 à 4 min, en remuant, jusqu'à ce que les pacanes soient croquantes et glacées. Ajouter le bouillon de poulet et le jus de citron. Augmenter le feu à chaleur vive. Cuire de 1 à 2 min en raclant le fond de la poêle pour détacher les morceaux qui sont restés collés. Remettre le porc et tous les jus accumulés dans la poêle. Retourner les médaillons pour bien les enrober. Servir sur des assiettes chaudes avec la sauce.

Carrés d'agneau en croûte de pacanes épicées

PRÉPARATION

6 portions *(Patrick O'Connell)*

Les carrés d'agneau sont badigeonnés de sauce barbecue, roulés dans les pacanes épicées et découpés en médaillons. Le chef O'Connell aime les servir avec des patates douces et de la salade de chou marinée. La sauce barbecue convient aussi aux hamburgers, aux côtes levées et à presque toutes les viandes.

• Pour préparer les pacanes : Mettre une grille sur une plaque à pâtisserie et réserver. Dans une grande poêle à frire, faire fondre le beurre à feu moyen-vif jusqu'à ce qu'il devienne mousseux. Ajouter le sucre, le cumin, l'assaisonnement cajun et le cayenne. Remuer. Incorporer les pacanes. Cuire de 3 à 4 min, jusqu'à ce que celles-ci soient bien enrobées et légèrement dorées. Étendre les pacanes sur la grille et laisser refroidir. (Si on fait la recette à l'avance, laisser refroidir complètement et conserver jusqu'à 5 jours à la température ambiante dans un contenant hermétique.)

• Pour préparer la sauce barbecue : À l'aide du robot de cuisine, mélanger le ketchup, les oignons, le vinaigre, la cassonade, la sauce Worcestershire, la moutarde sèche et le tabasco jusqu'à consistance onctueuse. (Si on fait la recette à l'avance, couvrir et conserver jusqu'à 3 jours dans le réfrigérateur.)

• Pour griller l'agneau : Préchauffer le four ou le gril et placer la grille de 13 à 15 cm (5 à 6 po) de la source de chaleur. Saler et poivrer l'agneau et badigeonner chaque carré avec environ 6 c. à soupe de sauce barbecue. Griller de 2 à 3 min de chaque côté, en les retournant une seule fois, jusqu'à ce que l'extérieur soit légèrement croustillant et noirci. Mettre les carrés d'agneau sur une plaque à rôtir ou une grande plaque à pâtisserie. Préchauffer le four à 200 °C (400 °F).

• Rôtir l'agneau de 15 à 20 min, jusqu'à ce que la température atteigne de 60 à 63 °C (140 à 145 °F) sur le thermomètre à viande. Laisser reposer sur une planche à découper de 5 à 10 min.

• Pour assembler : Hacher 180 g (1 ½ tasse) de pacanes. (Réserve le reste pour un autre usage.) Verser 175 ml (¾ tasse) de sauce barbecue dans un bol ou un moule peu profond et mettre et les pacanes hachées dans un autre. (Réserver le reste de la sauce pour un autre usage.) Passer un petit couteau bien affûté le long des os de chaque carré d'agneau pour détacher la chair en un seul morceau. Jeter le gras. Rouler la viande désossée dans la sauce, puis la passer dans les pacanes hachées. Découper chaque pièce de viande horizontalement en 6 médaillons.

INGRÉDIENTS

PACANES ÉPICÉES

- 60 g (¼ tasse) de beurre non salé
- 3 c. à soupe de sucre
- 2 c. à café (2 c. à thé) de cumin moulu
- ½ c. à café (½ c. à thé) d'assaisonnement cajun
- ½ c. à café (½ c. à thé) de cayenne
- 480 g (4 tasses) de pacanes

SAUCE BARBECUE

- 250 ml (1 tasse) de ketchup
- 1 oignon moyen, en quartiers
- 125 ml (½ tasse) de vinaigre de vin blanc
- 120 g (½ tasse) de cassonade bien tassée
- 60 ml (¼ tasse) de sauce Worcestershire
- 2 c. à café (2 c. à thé) de moutarde sèche
- 1 c. à café (1 c. à thé) de tabasco ou autre sauce au piment fort

- 3 carrés d'agneau de 720 g (1 ½ lb) chacun
- Sel et poivre fraîchement moulu

Bœuf aux haricots verts et aux noisettes

3 à 4 portions

INGRÉDIENTS

- 480 g (1 lb) de bifteck de flanc
- 2 c. à soupe de sauce soja
- 1 c. à soupe + 1 c. à café (1 c. à thé) de fécule de maïs
- 1 c. à café (1 c. à thé) d'huile de sésame orientale
- 80 ml (1/3 tasse) de vermouth sec, de xérès sec ou de bouillon
- 1 c. à soupe de sauce aux haricots noirs et à l'ail à la chinoise
- 1 c. à café (1 c. à thé) de sucre
- Une pincée de piments chilis rouges séchés, broyés
- 60 g (1/2 tasse) de noisettes, hachées
- 2 c. à soupe d'huile d'arachide ou d'huile végétale
- 4 oignons verts, coupés diagonalement en morceaux de 2,5 cm (1 po)
- 2 c. à café (2 c. à thé) de gingembre frais, émincé
- 1 gousse d'ail, émincée
- 240 g (8 oz) de haricots verts, effilés et coupés en morceaux de 5 cm (2 po)

PRÉPARATION

Si vous n'aimez pas le bifteck de flanc, prenez un morceau de bœuf tendre à votre goût et découpez-le en tranches très minces. Vous pouvez remplacer les haricots verts par des asperges fraîches. Servez ce plat avec du riz vapeur et vos invités seront convaincus qu'ils sont dans un restaurant chinois...

• Couper le bifteck en deux sur la longueur, puis découper chaque morceau horizontalement en fines tranches. Dans un bol moyen, mélanger le bœuf, 1 c. à soupe de sauce soja, 1 c. à soupe de fécule de maïs et l'huile de sésame.

• Dans un petit bol, mélanger le vermouth, la sauce soja restante (1 c. à soupe), 1 c. à café (1 c. à thé) de fécule de maïs, la sauce aux haricots noirs, le sucre et les piments. Augmenter le feu à chaleur élevée.

• Chauffer un wok ou une grande poêle à frire à feu moyen-vif. Griller les noisettes de 3 à 4 min, jusqu'à ce qu'elles soient légèrement dorées et dégagent tout leur arôme. Réserver sur une assiette. Augmenter le feu à chaleur élevée.

• Verser 1 c. à soupe de l'huile dans le wok chaud et remuer pour bien couvrir le fond. Ajouter le bœuf et cuire de 1 à 2 min, en remuant, jusqu'à ce qu'il soit à peine rosé. Mettre sur une assiette l'aide d'une écumoire. Réduire le feu à chaleur moyenne-élevée.

• Verser l'huile restante (1 c. à soupe) dans le wok et remuer pour bien couvrir le fond. Ajouter les oignons verts, le gingembre et l'ail. Cuire environ 30 secondes en remuant. Ajouter les haricots et cuire de 30 à 60 secondes, en remuant, jusqu'à ce qu'ils soient d'un beau vert brillant.

• Remuer la sauce et la verser dans le wok. Ajouter le bœuf et cuire de 1 à 2 min, en remuant, jusqu'à ce que les haricots soient tendres et croquants et que la sauce épaississe. Servir avec les noisettes.

Bœuf braisé farci au riz et aux noix

6 portions

Vous pouvez préparer ce plat un jour ou deux à l'avance et sa saveur n'en sera que meilleure comme c'est souvent le cas pour les mets braisés. Ne découpez toutefois les rouleaux qu'au moment de servir.

INGRÉDIENTS

- 60 g ($\frac{1}{2}$ tasse) de noix
- 5 $\frac{1}{2}$ c. à soupe d'huile de noix, d'huile de noix à l'ail grillé ou d'huile d'olive (ou un mélange)
- 90 g (1 tasse) de champignons sauvages, grossièrement hachés
- 110 g ($\frac{1}{3}$ tasse) de riz blanc à grains longs
- 1 gousse d'ail, émincée
- $\frac{1}{2}$ c. à café ($\frac{1}{2}$ c. à thé) de sel
- $\frac{1}{4}$ c. à café ($\frac{1}{4}$ c. à thé) de poivre fraîchement moulu
- 160 ml ($\frac{2}{3}$ tasse) d'eau
- 3 c. à soupe de persil plat frais, haché
- 6 biftecks de haut de ronde de 6 mm ($\frac{1}{4}$ po) d'épaisseur
- 6 fines tranches de provolone
- 3 c. à soupe de farine
- 1 oignon, en tranches
- 1 carotte, pelée et grossièrement hachée
- 2 c. à soupe de pâte de tomate
- 300 ml (1 $\frac{1}{4}$ tasse) de bouillon de bœuf
- 175 ml ($\frac{3}{4}$ tasse) de chianti ou autre vin rouge sec
- 10 g ($\frac{1}{4}$ tasse) de basilic ou de persil plat frais, haché

PRÉPARATION

- Préchauffer le four à 180 °C (350 °F). Étendre les noix sur une plaque à pâtisserie ou dans un moule peu profond. Faire griller légèrement au four de 10 à 12 min, en remuant une ou deux fois, jusqu'à ce qu'elles dégagent tout leur arôme. Laisser refroidir un peu avant de hacher grossièrement.
- Dans une petite casserole, chauffer 2 c. à soupe d'huile à feu moyen. Ajouter les champignons, le riz, l'ail, $\frac{1}{4}$ c. à café ($\frac{1}{4}$ c. à thé) de sel et une pincée de poivre. Cuire environ 4 min, en remuant, jusqu'à ce que les champignons soient tendres. Ajouter l'eau et amener à ébullition. Réduire le feu à chaleur douce, couvrir et cuire environ 15 min, jusqu'à ce que le riz soit tendre. Laisser refroidir, puis incorporer les noix et 2 c. à soupe de persil.
- Débarrasser les biftecks de tout excédent de gras. À l'aide d'un petit maillet à viande ou d'un autre objet lourd, aplatir les biftecks à 3 mm ($\frac{1}{8}$ po) d'épaisseur. Couvrir chaque morceau avec une tranche de fromage.
- Mettre environ 80 g ($\frac{1}{3}$ tasse) de riz sur la partie inférieure de chaque bifteck. Rouler vers le haut en emprisonnant bien la farce. Attacher avec de la ficelle ou des cure-dents.
- Dans un bol peu profond, mélanger la farine avec $\frac{1}{4}$ c. à café ($\frac{1}{4}$ c. à thé) de sel et une pincée de poivre. Passer les rouleaux dans ce mélange et bien les enrober. Faire tomber l'excédent de farine en les secouant légèrement.
- Dans un faitout ou une cocotte, chauffer 2 c. à soupe d'huile à feu moyen-vif. Ajouter les rouleaux de bœuf et cuire environ 10 min, en retournant de temps à autre, jusqu'à ce qu'ils brunissent sur toutes les faces. Retirer les rouleaux et réserver.
- Dans le même faitout, chauffer l'huile restante (1 $\frac{1}{2}$ c. à soupe) à feu moyen-vif. Ajouter les oignons, les carottes et la pâte de tomate. Cuire environ 5 min, en remuant, jusqu'à ce que les légumes soient tendres. Augmenter le feu à chaleur vive et ajouter le bouillon de bœuf et le vin. Amener à ébullition en raclant le fond du faitout pour détacher les morceaux qui sont restés collés.
- Réduire le feu, ajouter les rouleaux de bœuf, couvrir et cuire à feu doux de 50 à 60 min, jusqu'à ce que la viande et les légumes soient tendres. À l'aide d'une pince ou d'une écumoire, transvider les rouleaux sur un plan de travail propre.
- Cuire le mélange bouillon-oignons de 3 à 5 min à feu vif, jusqu'à léger épaississement. Retirer du feu et incorporer 3 c. à soupe de basilic. Enlever la ficelle des rouleaux de bœuf. Découper diagonalement en tranches épaisses. Servir sur une seule couche dans des assiettes ou des bols peu profonds. Napper avec la sauce et parsemer avec le basilic restant.

Vinaigrette à l'italienne avec poires, prosciutto et pignons

Donne environ 3 litres (12 tasses)

- 60 ml (1/4 tasse) d'huile d'olive
- 120 g (1 tasse) de pignons
- 90 g (3/4 tasse) de fines tranches de prosciutto, grossièrement hachées
- 180 g (8 tasses) de jeunes feuilles d'épinards
- 175 ml (3/4 tasse) de marsala sec
- 3 gousses d'ail, émincées
- 240 g (2 tasses) d'oignons, hachés
- 1 bulbe de fenouil, paré et haché
- 330 g (6 tasses) de cubes de pain sec
- 2 poires Bosc, équeutées, évidées et grossièrement hachées
- 135 g (3/4 tasse) de fruits secs (raisins secs dorés ou poires séchées hachées)
- 3 c. à soupe de persil plat frais, haché
- 1 1/2 c. à soupe de romarin frais, émincé ou 2 c. à café (2 c. à thé) de romarin séché
- Environ 375 ml (1 1/2 tasse) de bouillon de dinde ou de poulet (p. 152)
- Environ 1 c. à café (1 c. à thé) de sel
- Environ 1/2 c. à café (1/2 c. à thé) de poivre fraîchement moulu
- Environ 60 ml (1/4 tasse) de jus de dinde rôtie (facultatif)

PRÉPARATION

Si vous aimez les poires et le prosciutto, cette vinaigrette fera votre bonheur. Le mélange de marsala, de figues, de poires, de fenouil, de prosciutto et de pignons accompagne élégamment la volaille, le porc et le veau. Utilisez du marsala sec, moins sucré que celui qu'on met habituellement dans le sabayon et les autres desserts italiens.

• Préchauffer le four à 180 °C (350 °F). Vaporiser un plat de cuisson de 2,5 litres (10 tasses) avec de l'huile végétale et réserver. Dans une grande poêle à frire ou un faitout, chauffer 2 c. à soupe d'huile à feu moyen. Ajouter les pignons et le prosciutto. Cuire environ 5 min, en remuant, jusqu'à ce que les pignons soient légèrement dorés. Ajouter les épinards et 60 ml (1/4 tasse) de marsala. Couvrir et cuire de 2 à 3 min pour attendrir les épinards. Incorporer l'ail et cuire à découvert de 30 à 60 secondes. Verser dans un grand bol et réserver.

• Dans la même poêle, chauffer l'huile restante (2 c. à soupe) à feu moyen-vif. Ajouter les oignons et le fenouil. Cuire de 5 à 7 min, jusqu'à ce qu'ils soient tendres. Verser sur les pignons et ajouter les cubes de pain, les poires, les fruits secs, le persil et le romarin. Verser 250 ml (1 tasse) de bouillon et le marsala restant. Remuer délicatement. Le pain doit être humide sans être trempé. Rajouter du bouillon si nécessaire. Saler et poivrer. Remuer. (Si on compte utiliser cette vinaigrette pour farcir une dinde, couvrir et laisser refroidir. Ne pas farcir la volaille avant d'être prêt à la mettre au four.)

• Verser la vinaigrette dans le plat de cuisson et couvrir avec du papier d'aluminium. Cuire au four environ 30 min pour bien réchauffer. Si on veut que le dessus soit croustillant, enlever le papier d'aluminium et arroser avec un peu du jus de cuisson de la dinde. Cuire à découvert environ 15 min de plus, jusqu'à ce que le dessus brunisse légèrement.

LÉGUMES, CÉRÉALES ET PÂTES

Dans vos bagages prenez des meilleurs produits du pays
pour les apporter en présent [...],
un peu de baume et un peu de miel,
de la gomme adragante et du ladanum,
des pistaches et des amandes.

GENÈSE 43,11

Légumes grillés à la sauce au yogourt, aux fines herbes et aux noix

6 à 8 portions

INGRÉDIENTS

SAUCE

- 60 g (½ tasse) de noix
- 250 g (1 tasse) de yogourt nature
- 120 g (1 tasse) de concombre, pelé, épépiné et haché
- 1 c. à soupe de jus de citron fraîchement pressé
- 2 c. à soupe de menthe fraîche, hachée
- 2 c. à soupe de coriandre fraîche, hachée
- 2 c. à soupe de persil plat frais, haché
- 1 gousse d'ail, émincée
- 2 c. à café (2 c. à thé) de sucre
- Sel et poivre fraîchement moulu

- 2 poivrons rouges
- 1 aubergine de 480 g (1 lb), coupée sur la longueur en tranches de 12 mm (½ po)
- 480 g (1 lb) de courgettes, coupées sur la longueur en tranches de 12 mm (½ po)
- 3 têtes de portobellos (environ 480 g/1 lb)
- 1 gros oignon, coupé horizontalement en tranches de 12 mm (½ po)
- 480 g (1 lb) de tomates fermes et mûres, coupées horizontalement en tranches de 12 mm (½ po)
- Huile d'olive extravierge
- Sel et poivre fraîchement moulu

PRÉPARATION

La sauce, d'inspiration grecque, convient à tous les légumes ainsi qu'aux viandes rouges (agneau grillé ou rôti en particulier). Utilisez-la aussi avec des sandwiches et des hamburgers ou pour tremper des pointes de pain pita, des crudités et des falafels frits.

• Pour préparer la sauce : Préchauffer le four à 180 °C (350 °F). Étendre les noix sur une plaque à pâtisserie ou dans un moule peu profond. Faire griller légèrement au four de 10 à 12 min, en remuant une ou deux fois, jusqu'à ce qu'elles dégagent tout leur arôme. Laisser refroidir un peu avant de hacher finement.

• Dans un bol moyen, mélanger les noix, le yogourt, les concombres, le jus de citron, la menthe, la coriandre, le persil, l'ail et le sucre. Saler et poivrer au goût. Couvrir et conserver 30 min dans le réfrigérateur. Servir la sauce légèrement refroidie.

• Pour griller les légumes : Préchauffer le gril (barbecue ou intérieur). Badigeonner les poivrons, les aubergines, les courgettes, les champignons, les oignons et les tomates avec l'huile. Saler et poivrer.

• Griller les poivrons de 12 à 15 min, en les retournant, jusqu'à ce que la pelure soit noircie sur toutes les faces. Retirer du four et mettre dans un sac de papier. Laisser reposer au moins 10 min, jusqu'à ce qu'on puisse les manipuler sans se brûler. Enlever la pelure noircie (on peut en laisser un peu), équeuter et épépiner. Couper sur la longueur en lanières de 12 mm (½ po).

• Griller les autres légumes, en les retournant, jusqu'à ce qu'ils brunissent et soient tendres mais encore fermes (aubergines et courgettes : 5 à 7 min ; champignons : 5 à 7 min ; oignons : 5 à 6 min ; tomates : 1 à 3 min).

• Couper les champignons en tranches de 12 mm (½ po) et défaire les rondelles d'oignon en anneaux. Dresser les légumes grillés sur une grande assiette. Servir chauds ou à la température ambiante. Juste avant de servir, arroser les légumes avec la sauce ou la servir dans un petit bol d'accompagnement.

(Suite page suivante)

PRÉPARATION

HUILE AUX FINES HERBES ET AUX NOIX

- 60 g (1/2 tasse) de noix, hachées
- 125 ml (1/2 tasse) d'huile de noix
- 60 ml (1/4 tasse) d'huile d'olive extravierge
- 2 c. à soupe de persil plat frais, haché
- 1 c. à soupe de jus de citron fraîchement pressé
- 1 c. à soupe de basilic frais, haché
- 1 c. à soupe de ciboulette fraîche, finement hachée
- 1 c. à café (1 c. à thé) de romarin frais, finement haché
- 1 gousse d'ail, pressée ou émincée
- Sel et poivre fraîchement moulu

VARIANTE

• Préchauffer le four à 180 °C (350 °F). Étendre les noix sur une plaque à pâtisserie ou dans un moule peu profond. Faire griller légèrement au four de 8 à 10 min, en remuant une ou deux fois, jusqu'à ce qu'elles dégagent tout leur arôme. Laisser refroidir.

• Dans un bol moyen, mélanger les noix, l'huile de noix, l'huile d'olive, le persil, le jus de citron, le basilic, la ciboulette, le romarin et l'ail. Saler et poivrer au goût. Laisser reposer 30 min à la température ambiante. (Si on fait la recette à l'avance, couvrir et conserver jusqu'à 3 jours dans le réfrigérateur. Laisser reposer la sauce à la température ambiante avant de servir.)

Rubans de courgettes au pecorino et aux amandes

4 portions

PRÉPARATION

Les courgettes coupées en rubans sont particulièrement croquantes. En saison, ajoutez quelques tomates cerises à cette recette pour lui donner une touche de couleur.

• Couper les courgettes en longs rubans minces à l'aide d'une mandoline, d'un couteau économe ou d'un couteau.

• Dans une grande poêle à frire, chauffer l'huile à feu moyen-vif. Ajouter les amandes, les échalotes et l'ail. Cuire de 2 à 3 min, en remuant, jusqu'à ce qu'ils brunissent. Ajouter les courgettes et cuire 2 à 3 min, en remuant, jusqu'à ce qu'ils soient tendres. Saler et poivrer. Transvider sur une assiette ou dans un bol peu profond chaud. À l'aide d'un couteau économe, faire tomber des copeaux de fromage sur le dessus.

INGRÉDIENTS

- 720 g (1 ½ lb) de courgettes
- 2 c. à soupe d'huile d'olive
- 60 g (½ tasse) d'amandes tranchées
- 45 g (¼ tasse) d'échalotes, en fines tranches
- 1 petite gousse d'ail, en fines tranches
- Sel et poivre fraîchement moulu
- 30 à 60 g (1 à 2 oz) de pecorino romano

Artichauts farcis aux noix

(Mollie Katzen) **6 portions**

- 6 gros artichauts, parés, cuits jusqu'à tendreté, égouttés et refroidis
- 120 g (1 tasse) de noix, moulues
- 1 à 2 c. à soupe d'huile d'olive
- 180 g (1 ½ tasse) d'oignons, hachés
- ½ c. à café (½ c. à thé) de sel
- 60 ml (¼ tasse) de vin blanc sec ou de vermouth sec (facultatif)
- 1 grosse gousse d'ail, émincée
- 25 g (½ tasse) de fine chapelure
- ½ c. à café (½ c. à thé) de thym séché
- ½ c. à café (½ c. à thé) de paprika
- 2 c. à café (2 c. à thé) de moutarde sèche
- 10 g (¼ tasse) de persil plat frais, finement haché
- 2 c. à soupe de jus de citron fraîchement pressé
- Poivre fraîchement moulu

PRÉPARATION

Comment améliorer un légume aussi parfait que l'artichaut? « En l'accompagnant d'une farce », prétend l'animatrice et auteur de livres de recettes Mollie Katzen. Préparez les artichauts à l'avance, mais attendez à la dernière minute pour les farcir et les faire cuire. Servez-les avec la Sauce romesco (p. 25) ou une mayonnaise aux noix.

• Couper la base des artichauts pour qu'ils puissent tenir debout. Retirer les feuilles du centre et le foin en tirant, ce qui formera une cavité au centre. À l'aide d'une petite cuillère, enlever et jeter les parties filandreuses.

• Préchauffer le four à 180 °C (350 °F). Étendre les noix sur une plaque à pâtisserie ou dans un moule peu profond. Faire griller légèrement au four de 5 à 10 min, en remuant une ou deux fois, jusqu'à ce qu'elles dégagent tout leur arôme. Laisser refroidir. Réduire la température du four à 160 °C (325 °F).

• Dans une poêle à frire moyenne, chauffer l'huile à feu moyen. Ajouter les oignons et le sel. Cuire environ 5 min, en remuant de temps à autre, jusqu'à ce que les oignons soient tendres mais sans les laisser brunir. Ajouter le vin et cuire environ 5 min pour faire réduire un peu. Ajouter l'ail, la chapelure, le thym, le paprika et la moutarde sèche.

• Cuire environ 5 min, en remuant souvent, jusqu'à ce que l'ail dégage tout son arôme et que la chapelure brunisse légèrement. Retirer du feu et incorporer les noix, le persil et le jus de citron. Poivrer au goût.

• Remplir les artichauts avec cette préparation en la pressant fermement. (S'il en reste, la mettre entre les feuilles d'artichaut les plus grandes.) Dresser les artichauts farcis dans un plat de cuisson peu profond. Couvrir de papier d'aluminium et cuire au four environ 30 min pour réchauffer la farce. Servir les artichauts chauds, tièdes ou à la température ambiante.

Polenta crémeuse aux noix

4 portions

PRÉPARATION

INGRÉDIENTS

- 60 g (1/2 tasse) de noix tranchées
- 625 ml (2 1/2 tasses) de bouillon de poulet ou de légumes (p. 151-152) ou d'eau
- 250 ml (1 tasse) de lait
- 1 c. à café (1 c. à thé) de sel
- 120 g (3/4 tasse) de polenta minute ou de semoule de maïs jaune
- 60 g (2 oz) de parmesan fraîchement râpé (parmigiano reggiano de préférence)
- 3 c. à soupe de beurre non salé, à la température ambiante
- Poivre fraîchement moulu
- 4 c. à café (4 c. à thé) d'huile de noix ou d'huile de noix à l'ail grillé

Le parmigiano reggiano est sans aucun doute le meilleur parmesan au monde. Son petit goût de noisette est incomparable. Vous serez étonné de voir comment une simple polenta peut être améliorée en lui ajoutant simplement un fromage de qualité et quelques gouttes d'huile de noix. Vous pouvez aussi l'accompagner de Pesto de noix (p. 90), de champignons sautés au beurre, de fromage de chèvre émietté et de tomates hachées.

• Préchauffer le four à 180 °C (350 °F). Étendre les noix sur une plaque à pâtisserie ou dans un moule peu profond. Faire griller légèrement au four de 5 à 10 min, en remuant une ou deux fois, jusqu'à ce qu'elles dégagent tout leur arôme. Laisser refroidir.

• Dans une grande casserole, amener le bouillon, le lait et le sel à ébullition à feu moyen-vif. Incorporer la polenta en fine pluie. Réduire le feu à chaleur moyenne-douce et cuire de 5 à 10 min, en remuant souvent, jusqu'à épaississement et consistance crémeuse.

• Retirer du feu et incorporer le fromage, le beurre et le poivre. Servir sur 4 assiettes ou dans des bols peu profonds. Arroser chaque portion avec 1 c. à café (1 c. à thé) d'huile et parsemer de noix grillées.

Purée de pommes de terre aux noix

4 portions *(Todd English)*

- 1 c. à soupe de beurre non salé
- 60 g (1/2 tasse) de noix, hachées
- 60 à 125 ml (1/4 à 1/2 tasse) de crème sure
- 4 grosses pommes de terre à pelure rouge, pelées et coupées en gros cubes
- 1 c. à café (1 c. à thé) de gros sel
- 1/2 c. à café (1/2 c. à thé) de poivre fraîchement moulu
- 1 c. à soupe de parmesan fraîchement râpé

La purée de pommes de terre est un délice en soi, mais le chef Todd English croit qu'on peut la rendre encore plus délicieuse en lui ajoutant une purée de noix sautées, de la crème sure et du parmesan. Un plat recommandé avec de l'agneau, du bœuf ou des pétoncles ou pour tout repas de fête.

• Dans une petite poêle à frire, faire fondre le beurre à feu moyen-vif. Ajouter les noix et cuire environ 3 min, en remuant, jusqu'à ce qu'elles commencent à dorer. À l'aide du robot de cuisine, mélanger les noix avec 60 ml (1/4 tasse) de crème sure jusqu'à consistance onctueuse.

• Mettre les pommes de terre dans une grande casserole et les couvrir avec 2,5 cm (1 po) d'eau. Amener à ébullition à feu vif. Cuire à feu moyen de 10 à 12 min, jusqu'à ce qu'elles soient tendres quand on les pique avec la pointe d'un couteau. Égoutter dans une passoire puis transvider dans un bol moyen. Réduire en purée à l'aide d'une fourchette ou d'un pilon en ajoutant graduellement le mélange noix-crème sure. Pour obtenir une consistance plus crémeuse, verser jusqu'à 60 ml (1/4 tasse) de crème sure en plus. Saler, poivrer et incorporer le parmesan.

PRÉPARATION

Pilaf de noix de coco et de noix de macadam

4 à 6 portions

- 60 g (½ tasse) de noix de macadam
- 50 g (½ tasse) de noix de coco râpée
- 2 c. à soupe d'huile végétale
- 90 g (¾ tasse) d'oignons jaunes, hachés
- 1 c. à soupe de gingembre frais, émincé
- 340 g (1 tasse) de riz blanc à grains longs étuvé
- Environ 1 c. à café (1 c. à thé) de sel
- 375 ml (1 ½ tasse) d'eau
- 185 g (8 oz) d'ananas broyés non sucrés en conserve, égouttés (réserver le jus)
- 15 g (½ tasse) d'oignons verts, en tranches
- 2 c. à soupe de coriandre fraîche, hachée
- 2 c. à soupe de persil plat frais, haché
- Poivre fraîchement moulu

Du riz, des ananas, de la noix de coco grillée et des noix de macadam… les enfants en redemanderont! Un délice avec du saumon ou du poulet teriyaki, du porc ou n'importe quelle entrée qui se marie bien avec des fruits.

• Préchauffer le four à 180 °C (350 °F). Étendre les noix de macadam sur une plaque à pâtisserie ou dans un moule peu profond. Faire griller légèrement au four de 5 à 7 min, en remuant une ou deux fois, jusqu'à ce qu'elles dégagent tout leur arôme. Laisser refroidir. Augmenter la température du four à 190 °C (375 °F).

• Étendre la noix de coco sur une plaque à pâtisserie ou dans un moule peu profond. Faire griller légèrement au four de 8 à 10 min en remuant une ou deux fois. Laisser refroidir.

• Dans une casserole moyenne, chauffer l'huile à feu moyen. Ajouter les oignons et cuire de 3 à 5 min, en remuant, jusqu'à ce qu'ils soient tendres mais sans les faire brunir. Ajouter le gingembre et cuire 1 min. Ajouter le riz et 1 c. à café (1 c. à thé) de sel et cuire environ 1 min, en remuant, jusqu'à ce que le riz soit bien enrobé d'huile et que le gingembre dégage tout son arôme. Ajouter l'eau et le jus d'ananas réservé et amener à ébullition. Couvrir et réduire le feu à chaleur très douce. Cuire environ 20 min, jusqu'à ce que le riz soit tendre et que le liquide soit absorbé. Incorporer les ananas, les oignons verts, la coriandre et le persil. Saler et poivrer.

• Dans un petit bol, mélanger les noix de macadam et la noix de coco. Incorporer les trois quarts de ce mélange au pilaf et saupoudrer le restant sur le dessus.

Risotto aux champignons sauvages et aux pignons

4 portions

PRÉPARATION

Le risotto n'est-il pas un mets riche en crème et difficile à réussir? Mais non! Essayez cette recette et vous verrez que le risotto est crémeux tout simplement parce que l'amidon contenu dans le riz à grains courts est libéré très lentement au cours de la cuisson. Il faut de la patience pour remuer le risotto comme il se doit, mais le sacrifice en vaut la peine. Servez-vous un verre du vin que vous utiliserez pour la recette et prenez une pause bien méritée après une dure journée de travail.

• Mettre les champignons séchés dans un petit bol. Couvrir avec l'eau chaude. Laisser reposer environ 30 min. Égoutter et bien éponger. Hacher grossièrement les champignons. Placer une passoire fine au-dessus d'un bol pour recueillir le liquide.

• Préchauffer le four à 160 °C (325 °F). Mettre les pignons dans un petit moule et faire griller légèrement au four de 5 à 7 min, en remuant une ou deux fois, jusqu'à ce qu'ils soient dorés. Laisser refroidir.

• Dans une grande poêle à frire, chauffer 3 c. à soupe d'huile à feu moyen-vif. Ajouter les champignons frais et cuire de 5 à 7 min, en remuant de temps à autre, jusqu'à ce qu'ils brunissent légèrement. Incorporer les champignons réhydratés. Ajouter 3 c. à soupe de vin et cuire 1 min et racler le fond de la poêle pour détacher les morceaux qui sont restés collés. Réserver.

• Ajouter suffisamment de bouillon au liquide recueilli des champignons pour obtenir 1 litre (4 tasses). Verser dans une casserole moyenne et laisser reposer à feu doux.

• Dans une grande casserole, chauffer l'huile restante (2 c. à soupe) à feu moyen. Incorporer le thym et les oignons. Cuire de 3 à 5 min, en remuant de temps à autre, jusqu'à ce que les oignons soient tendres mais sans les laisser brunir. Ajouter le riz et cuire de 2 à 3 min, en remuant souvent, jusqu'à ce qu'il soit translucide et bien enrobé d'huile.

• Incorporer le vin blanc restant et amener à ébullition en raclant le fond de la casserole pour détacher les morceaux qui sont restés collés. Cuire de 1 à 2 min, en remuant souvent, jusqu'à ce que le vin soit absorbé. Réduire le feu à chaleur moyenne. Incorporer 250 ml (1 tasse) du liquide des champignons chaud et cuire, en remuant souvent, jusqu'à ce qu'il soit absorbé. Continuer d'ajouter du liquide, 250 ml (1 tasse) à la fois, et cuire de 15 à 20 min, en remuant souvent, jusqu'à ce que le riz soit crémeux, tendre mais encore ferme au centre.

• Incorporer les champignons, 30 g (1/4 tasse) de pignons, 40 g (1/3 tasse) de parmesan et le beurre. Cuire de 1 à 2 min, en remuant, jusqu'à ce que le beurre soit fondu et que les champignons soient chauds. Saler et poivrer au goût. Verser le risotto dans 4 assiettes ou bols peu profonds chauds. Couvrir avec les pignons restants et servir le parmesan à part.

INGRÉDIENTS

- 30 g (1 oz) de porcini séchés ou autres champignons sauvages séchés
- Environ 250 ml (1 tasse) d'eau chaude
- 60 g (1/2 tasse) de pignons
- 5 c. à soupe d'huile d'olive
- 240 g (8 oz) de champignons frais (sauvages, cultivés ou un mélange), en tranches ou grossièrement hachés
- 3 c. à soupe de vin blanc sec ou de madère sec
- Environ 875 ml (3 1/2 tasses) de bouillon de poulet ou de légumes (p. 151-152)
- 1 c. à soupe de thym frais, haché ou 1 c. à café (1 c. à thé) de thym séché
- 60 g (1/2 tasse) d'oignons, finement hachés
- 300 g (1 1/2 tasse) de riz arborio
- 60 ml (1/4 tasse) de vin blanc sec ou de vermouth sec
- Environ 120 g (1 tasse) de parmesan fraîchement râpé
- 2 c. à soupe de beurre non salé, en morceaux
- Sel et poivre fraîchement moulu

Linguine primavera aux amandes

4 à 6 portions

PRÉPARATION

Primavera *signifie «printemps» et printemps signifie «asperges». Nous vous proposons de blanchir les légumes dans la même eau qui servira à la cuisson des pâtes. Les linguine cuiront pendant que vous ferez sauter les légumes avec la pancetta, les amandes, les champignons et les tomates.*

• Dans une grande marmite d'eau bouillante salée, cuire le brocoli 1 min à feu vif. Ajouter les haricots verts et cuire 1 min; ajouter les asperges et cuire 30 secondes de plus. À l'aide d'une écumoire, sortir tous les légumes et les plonger dans un bol d'eau glacée pour arrêter la cuisson et préserver la couleur des légumes. Bien égoutter.

• Dans la même marmite, cuire les pâtes *al dente* (de 10 à 12 min ou selon les indications inscrites sur l'emballage). Égoutter et réserver 250 ml (1 tasse) de liquide de cuisson.

• Dans une grande poêle à frire, chauffer 1 c. à soupe d'huile à feu moyen-vif. Ajouter la pancetta et cuire de 5 à 7 min, en remuant de temps à autre, jusqu'à ce qu'elle brunisse et soit croustillante. Ajouter les amandes et cuire de 2 à 3 min, en remuant, jusqu'à ce qu'elles brunissent légèrement et dégagent tout leur arôme. Retirer de la poêle.

• Dans la même poêle, chauffer l'huile restant (2 c. à soupe) à feu moyen-vif. Ajouter les oignons et cuire environ 5 min, en remuant de temps à autre, jusqu'à ce qu'ils brunissent légèrement. Ajouter les champignons et l'ail. Cuire environ 10 min, en remuant de temps à autre, jusqu'à ce que le liquide des champignons soit absorbé. Incorporer le brocoli, les haricots, les asperges et le mélange pancetta-amandes. Cuire de 1 à 2 min, en remuant, pour bien réchauffer les légumes. Incorporer les tomates et retirer du feu.

• Dans une casserole moyenne, chauffer la crème à feu moyen-vif. Retirer du feu et incorporer le parmesan. Réserver au chaud.

• Dans un grand bol chaud, mélanger les pâtes avec la crème au parmesan et l'eau de cuisson réservée. Saler et poivrer si nécessaire. Servir les pâtes sur des assiettes ou dans des bols peu profonds chauds et couvrir avec les légumes. Parsemer de basilic.

INGRÉDIENTS

- 300 g (2 tasses) de bouquets de brocoli
- 240 g (8 oz) de haricots verts, effilés
- 480 g (1 lb) d'asperges fines, en morceaux de 5 cm (2 po)
- 480 g (1 lb) de linguine ou autres pâtes en forme de ruban (non cuits)
- 3 c. à soupe d'huile d'olive
- 240 g (8 oz) de pancetta, hachée ou coupée en cubes de 6 mm (1/4 po)
- 180 g (1 1/2 tasse) d'amandes effilées, grossièrement hachées
- 1 oignon, en fines tranches
- 180 g (2 tasses) de champignons, en tranches
- 4 gousses d'ail, émincées
- 240 g (1 tasse) de tomates cerises, équeutées
- 250 ml (1 tasse) de crème fraîche épaisse (35 %)
- 180 g (1 1/2 tasse) de parmesan fraîchement râpé
- Sel et poivre fraîchement moulu
- 6 c. à soupe de basilic frais, en fines tranches

Spaghetti aux noix

4 portions

INGRÉDIENTS

- 180 g (1 1/2 tasse) de noix
- 1 tranche de pain blanc à sandwich, déchiquetée
- 480 g (1 lb) de spaghetti (non cuits)
- 60 ml (1/4 tasse) d'huile d'olive extravierge
- 2 c. à soupe d'huile de noix
- 3 gousses d'ail, émincées
- Une pincée de piments chilis rouges séchés, broyés
- 20 g (1/2 tasse) de persil plat frais, haché
- Environ 120 g (1 tasse) d'asiago ou de parmesan fraîchement râpé
- Sel et poivre fraîchement moulu

PRÉPARATION

Même les grands chefs aiment avoir quelques recettes qui pourront leur être utiles en cas d'urgence. Ces pâtes servies avec des noix grillées, de la chapelure, de l'huile d'olive et de l'ail ont l'air d'être sorties directement du chapeau d'un magicien tellement elles sont faciles à préparer. N'attendez pas un cas d'urgence pour les essayer…

- Préchauffer le four à 180 °C (350 °F). Étendre les noix sur une plaque à pâtisserie ou dans un moule peu profond. Faire griller légèrement au four de 10 à 12 min, en remuant une ou deux fois, jusqu'à ce qu'elles dégagent tout leur arôme. Laisser refroidir un peu avant de hacher grossièrement.
- Réduire le pain en miettes grossières à l'aide du robot de cuisine.
- Dans une grande marmite d'eau bouillante salée, cuire les pâtes *al dente* (environ 10 min ou selon les indications inscrites sur l'emballage). Égoutter et réserver 125 ml (1/2 tasse) de liquide de cuisson.
- Pendant ce temps, dans une grande poêle à frire, chauffer l'huile d'olive et l'huile de noix à feu moyen. Ajouter l'ail et cuire de 30 à 60 secondes, en remuant, jusqu'à ce qu'il dégage tout son arôme. Incorporer les piments, les noix et la chapelure. Cuire de 5 à 7 min, en remuant de temps à autre, jusqu'à ce que la chapelure brunisse légèrement et soit croustillante. Incorporer l'eau de cuisson réservée et le persil. Cuire de 1 à 2 min de plus pour réchauffer. Retirer du feu.
- Mettre les pâtes dans la poêle et bien remuer. Ajouter 60 g (1/2 tasse) de fromage et remuer. Saler et poivrer si nécessaire. Servir les pâtes sur des assiettes ou dans des bols peu profonds chauds avec du fromage râpé à part.

L'IMPORTANCE DU SEL

N'oubliez pas de mettre du sel dans l'eau de cuisson des pâtes. Les pâtes, qui ne contiennent pas de sel, absorbent un peu de l'eau de cuisson. Le sel leur donne un meilleur goût. Utilisez environ 1 c. à soupe de sel pour 3 litres (12 tasses) d'eau. Réservez de 125 à 250 ml (1/2 à 1 tasse) d'eau de cuisson (qui contient un peu de l'amidon relâché par les pâtes) et ajoutez-la à la sauce pour l'épaissir ou lui donner plus de goût.

Penne aux bettes, au fromage de chèvre et aux pacanes

4 à 6 portions

INGRÉDIENTS

- 180 g (1 ½ tasse) de pacanes
- 3 c. à soupe d'huile d'olive
- 1 gros oignon rouge, coupé en deux puis en fines tranches
- Une pincée de piments chilis rouges séchés, broyés
- 720 g (1 ½ lb) de cardes de bettes (enlever les côtes rugueuses), coupées horizontalement en fines lanières
- 480 g (2 tasses) de tomates cerises, équeutées
- Sel et poivre fraîchement moulu
- 480 g (1 lb) de penne ou autres pâtes en forme de tube (non cuites)
- 150 g (5 oz) de fromage de chèvre frais, émietté

PRÉPARATION

Vous n'aurez besoin que de cardes de bettes, de pacanes, d'oignons rouges et de tomates cerises pour transformer des penne ordinaires en un pur délice.

• Préchauffer le four à 180 °C (350 °F). Étendre les pacanes sur une plaque à pâtisserie ou dans un moule peu profond. Faire griller légèrement au four de 7 à 10 min, en remuant une ou deux fois, jusqu'à ce qu'elles dégagent tout leur arôme. Laisser refroidir un peu avant de hacher grossièrement.

• Dans une grande poêle à frire ou un grand faitout, chauffer l'huile à feu moyen. Ajouter les oignons et les piments. Cuire de 3 à 5 min, en remuant, jusqu'à ce que les oignons soient tendres mais sans les laisser brunir. Incorporer les cardes de bettes. Couvrir et cuire environ 3 min pour les attendrir. Ajouter les tomates et cuire à découvert environ 2 min de plus, en remuant de temps à autre, jusqu'à ce que les cardes soient tendres et que les tomates éclatent. Saler et poivrer au goût. Retirer du feu.

• Dans une grande marmite d'eau bouillante salée, cuire les pâtes *al dente* (environ 10 min ou selon les indications inscrites sur l'emballage). Égoutter et réserver 250 ml (1 tasse) de liquide de cuisson. Mettre les pâtes un grand bol chaud. Ajouter l'eau réservée, les légumes, 120 g (1 tasse) de pacanes et 75 g (½ tasse) de fromage de chèvre. Remuer délicatement. Saler et poivrer si nécessaire.

• Servir les pâtes sur des assiettes ou dans des bols peu profonds chauds. Couvrir de fromage de chèvre et de pacanes.

Ravioli aux patates douces dans un beurre à la sauge et aux noix

4 portions en entrée ou pour un repas léger

PRÉPARATION

Grâce aux enveloppes à wonton, on peut faire des ravioli en un clin d'œil. Faites cuire les ravioli dans une eau qui bout doucement afin qu'ils ne perdent pas leur forme. Vous gagnerez du temps en faisant cuire la patate douce dans le four à micro-ondes. Le beurre à la sauge et aux noix est délicieux avec de la volaille, du porc et du veau grillés.

• Pour préparer les ravioli : Dans une petite poêle à frire, faire fondre le beurre à feu moyen. Ajouter les échalotes et cuire de 1 à 2 min, en remuant de temps à autre, jusqu'à ce qu'ils soient tendres mais sans les laisser brunir. Verser dans un grand bol.

• Incorporer les patates douces, la feta et le persil. Saler et poivrer au goût. Incorporer le jaune d'œuf et bien remuer.

• Dans un petit bol, fouetter le blanc d'œuf avec l'eau.

• Étendre 20 enveloppes à wonton sur une surface propre. Mettre 1 c. à soupe de la garniture au centre de chacune. Avec un pinceau ou le bout d'un doigt, humecter les bords avec le blanc d'œuf battu. Couvrir avec les 20 autres enveloppes à wonton. Sceller en pressant avec une fourchette ou avec le bout des doigts. (Si on fait la recette à l'avance, ranger les ravioli sur une seule couche sur une plaque à pâtisserie. Couvrir de pellicule plastique et garder jusqu'à 24 h dans le réfrigérateur.)

• Pour préparer le beurre : Dans une grande poêle à frire, faire fondre le beurre à feu moyen. Ajouter les noix et cuire environ 3 min, en remuant, jusqu'à ce qu'elles soient dorées et que le beurre brunisse légèrement mais sans brûler. Incorporer la sauge et retirer du feu. Saler et poivrer au goût. Réserver au chaud.

• Pour cuire les ravioli : Amener une grande marmite d'eau salée à ébullition à feu vif. Cuire quelques ravioli à la fois de 2 à 3 min, jusqu'à ce que la pâte soit tendre mais encore ferme. (Ils remonteront à la surface une fois cuits.) Retirer délicatement de l'eau à l'aide d'une écumoire et égoutter dans une passoire.

• Mettre les ravioli dans la poêle à frire contenant les noix et remuer délicatement. Servir sur des assiettes ou dans des bols peu profonds chauds. Couvrir avec le beurre restant et des feuilles de sauge.

INGRÉDIENTS

RAVIOLI

- 1 c. à soupe de beurre non salé
- 1 c. à soupe d'échalotes, émincées
- 1 petite patate douce, cuite, pelée et réduite en purée
- 120 g (1 tasse) de feta, émiettée
- 1 c. à café (1 c. à thé) de persil plat frais, finement haché
- Sel et poivre fraîchement moulu
- 1 œuf, séparé
- 1 c. à soupe d'eau
- 40 enveloppes à wonton

BEURRE

- 120 g (½ tasse) de beurre non salé, en morceaux
- 60 g (½ tasse) de noix tranchées
- 10 g (⅓ tasse) de sauge fraîche, finement hachée
- Sel et poivre fraîchement moulu

- Feuilles de sauge fraîche (garniture)

Feuilletés aux légumes, à la feta et aux noix

PRÉPARATION

4 portions

- 120 g (1 tasse) de noix
- 90 g (3/4 tasse) de feta, émiettée
- 2 c. à soupe de beurre non salé, à la température ambiante
- 2 c. à soupe de persil plat frais, haché
- 1 c. à soupe d'origan frais, haché ou 1 c. à café (1 c. à thé) d'origan séché
- Sel et poivre fraîchement moulu
- 1 feuille de pâte feuilletée (270 g/9 oz), décongelée selon les indications inscrites sur l'emballage
- 1 œuf, battu
- 1 petite courgette, en fines tranches
- 2 tomates moyennes, en tranches

Si vous détestez faire la pâte, achetez de la pâte feuilletée congelée. Cette recette fera merveille comme entrée ou à l'heure du brunch avec une salade de verdure ou avec de la laitue frisée et du bacon servi à part.

• Préchauffer le four à 180 °C (350 °F). Étendre les noix sur une plaque à pâtisserie ou dans un moule peu profond. Faire griller légèrement au four de 10 à 12 min, en remuant une ou deux fois, jusqu'à ce qu'elles dégagent tout leur arôme. Laisser refroidir. Augmenter la température à 190 °C (375 °F).

• À l'aide du mélangeur ou du robot de cuisine, mélanger les noix, le fromage, le beurre, le persil et l'origan. Faire fonctionner et arrêter l'appareil à quelques reprises jusqu'à ce que les noix soient finement hachées et que le mélange soit homogène. Saler et poivrer au goût.

• Sur un plan de travail légèrement fariné, rouler la pâte pour obtenir un carré de 25 x 25 cm (10 x 10 po). (Voir p. 152-153 pour apprendre comment plier la pâte.) Mettre la pâte sur plaque à pâtisserie légèrement beurrée ou tapissée de papier parchemin.

• Étendre la préparation aux noix uniformément sur la pâte. Faire alterner et se chevaucher des tranches de courgettes et de tomates sur le dessus. Poivrer. Cuire au four de 20 à 25 min, jusqu'à ce que la pâte soit gonflée et dorée et que les légumes soient chauds. Découper en carrés.

VARIANTE

Feuilletés au fromage de chèvre et aux noix

• Utiliser les mêmes ingrédients que pour les Feuilletés aux légumes, à la feta et aux noix en faisant les changements suivants : Remplacer la feta par 3 c. à soupe de parmesan fraîchement râpé ; augmenter la quantité de persil à 3 c. à soupe ; ne pas mettre d'origan ; ajouter un petit fromage de chèvre de 150 g (5 oz).

• À l'aide du mélangeur ou du robot de cuisine, mélanger les noix, le parmesan, le persil et le beurre. Faire fonctionner et arrêter l'appareil à quelques reprises jusqu'à ce que les noix soient finement hachées et que le mélange soit homogène. Saler et poivrer au goût.

• Rouler et plier la pâte, puis la badigeonner avec de l'œuf battu en suivant les indications des p. 152-153.

• Étendre la préparation aux noix uniformément sur la pâte. Faire alterner et se chevaucher des tranches de courgettes et de tomates sur le dessus. Couvrir avec le fromage de chèvre émietté. Cuire au four de 20 à 25 min, jusqu'à ce que la pâte soit gonflée et dorée et que les légumes soient chauds. Découper en carrés.

Fettucine au pesto de noix et aux noix grillées

4 portions

PRÉPARATION

Conservez toujours du pesto de noix dans le réfrigérateur ou le congélateur et un paquet de fettucine dans votre armoire pour en avoir à portée de la main en tout temps. Faites une plus grande quantité de pesto que celle recommandée dans la recette et servez-le avec une salade de pâtes, des tranches de tomate, des petites pommes de terre vapeur, des haricots verts, du poulet, du poisson ou du bifteck.

• Pour préparer le pesto : Préchauffer le four à 180 °C (350 °F). Étendre les noix sur une plaque à pâtisserie ou dans un moule peu profond. Faire griller légèrement au four de 10 à 12 min, en remuant une ou deux fois, jusqu'à ce qu'elles dégagent tout leur arôme. Laisser refroidir.

• À l'aide du mélangeur ou du robot de cuisine, mélanger les noix, le basilic, le parmesan et l'ail pour obtenir une pâte grossière. Tandis que le moteur continue de tourner, ajouter l'huile d'olive et l'huile de noix en filet mince. Ajouter 2 c. à café (2 c. à thé) de jus de citron et 1/2 c. à café (1/2 c. à thé) de sel. Goûter et ajouter du jus de citron et du sel si nécessaire. Utiliser immédiatement ou garder jusqu'à 3 jours dans un bocal en verre placé dans le réfrigérateur ; congeler si on ne compte pas l'utiliser avant plusieurs jours. (Ramener à la température ambiante avant d'utiliser.)

• Pour préparer les pâtes : Préchauffer le four à 180 °C (350 °F). Étendre les noix sur une plaque à pâtisserie ou dans un moule peu profond. Faire griller légèrement au four de 5 à 10 min, en remuant une ou deux fois, jusqu'à ce qu'elles dégagent tout leur arôme. Laisser refroidir.

• Dans une grande marmite d'eau bouillante salée, cuire les pâtes *al dente* (environ 10 min ou selon les indications inscrites sur l'emballage). Égoutter et verser dans un grand bol chaud. Ajouter les noix et environ 175 ml (3/4 tasse) de pesto. Bien remuer. Goûter et ajouter du pesto si nécessaire. Servir les pâtes sur des assiettes ou dans des bols peu profonds chauds. Couvrir avec du parmesan et en offrir aussi à part.

PESTO PRESTO
Le pesto se conserve facilement dans des sacs de plastique hermétiques. Remplissez chaque sac avec 250 ml (1 tasse) de pesto. Scellez presque complètement, étendez le sac à plat et pressez-le délicatement pour faire sortir l'air. Scellez complètement et mettre à plat dans le congélateur. Le pesto conservé ainsi pourra être décongelé rapidement. Si vous avez besoin d'une quantité moindre que le contenu d'un sac entier, brisez simplement un morceau de la grosseur désirée et scellez le sac à nouveau.

INGRÉDIENTS

PESTO

- 60 g (1/2 tasse) de noix
- 37 g (1 1/2 tasse) de basilic frais bien tassé
- 60 g (1/2 tasse) de parmesan fraîchement râpé
- 2 gousses d'ail
- 175 ml (3/4 tasse) d'huile d'olive extravierge
- 60 ml (1/4 tasse) d'huile de noix ou d'huile de noix à l'ail grillé
- 2 à 3 c. à café (2 à 3 c. à thé) de jus de citron fraîchement pressé
- 1/2 à 1 c. à café (1/2 à 1 c. à thé) de sel

- 60 g (1/2 tasse) de noix, tranchées
- 480 g (1 lb) de fettucine ou autres pâtes en formes de ruban (non cuits)
- Parmesan fraîchement râpé

INGRÉDIENTS

- 480 g (1 lb) de choux de Bruxelles
- 1 petit poivron rouge ou jaune
- 60 g (1/2 tasse) de noix tranchées
- 1 c. à soupe de beurre non salé
- 1 c. à soupe d'huile de noix ou d'huile de noix à l'ail grillé
- 45 g (1/4 tasse) d'échalotes, en fines tranches
- 1 grosse gousse d'ail, en fines tranches
- 1 c. à café (1 c. à thé) de thym frais, haché
- 1/2 c. à café (1/2 c. à thé) de sucre
- Sel et poivre fraîchement moulu

PRÉPARATION

Choux de Bruxelles et poivrons aux noix

4 à 6 portions

Les choux de Bruxelles sont souvent mal aimés. Donnez-leur une deuxième chance avec cette recette qui vous prouvera qu'ils peuvent être extraordinairement tendres et délicieux. Achetez des choux jeunes et très frais et évitez surtout de les faire trop cuire.

• Parer les choux de Bruxelles en enlevant toute partie noircie. Couper les choux en deux. Équeuter et épépiner le poivron et le couper en carrés de 12 mm (1/2 po).

• Amener une grande casserole remplie d'eau salée à ébullition à feu élevé. Faire cuire les choux de 7 à 10 min, jusqu'à ce qu'ils soient tendres mais encore fermes. Égoutter.

• Dans une grande poêle à frire, faire griller les noix à feu moyen environ 3 min, en remuant, jusqu'à ce qu'elles brunissent légèrement et dégagent tout leur arôme. Retirer du feu et réserver.

• Dans la même poêle, faire fondre le beurre dans l'huile de noix à feu moyen. Ajouter les poivrons, les échalotes et l'ail. Cuire environ 5 min, en remuant de temps à autre, jusqu'à ce qu'ils soient tendres mais sans les laisser brunir. Ajouter les choux de Bruxelles, les noix, le thym et le sucre. Cuire environ 2 min, en remuant, jusqu'à ce qu'ils soient réchauffés et légèrement glacés. Saler et poivrer au goût.

DESSERTS

Nous sommes comblés de bonheur,
la rivière parfumée embaume tout le château.

SAGESSE ZEN

UN GOÛTER EXTRAORDINAIRE

Les noix et les amandes grillées ne sont pas seulement bonnes pour la santé. Elles ont aussi le pouvoir de tempérer notre envie de grignoter des aliments moins nourrissants. Mélangez-les avec des raisins ou d'autres fruits secs, des canneberges séchées ou des céréales granola et vous obtiendrez un goûter incomparable. Conservez-les dans un contenant hermétique et faites en sorte d'en avoir toujours à portée de la main lorsque la fringale vous tenaille ou que vous avez besoin d'une bonne dose d'énergie.

Croustade aux nectarines et aux noix

8 à 10 portions

PRÉPARATION

• Pour préparer la garniture : Préchauffer le four à 180 °C (350 °F). Étendre les noix sur une plaque à pâtisserie ou dans un moule peu profond. Faire griller légèrement au four de 10 à 12 min, en remuant une ou deux fois, jusqu'à ce qu'elles dégagent tout leur arôme. Laisser refroidir.

• À l'aide du robot de cuisine, mélanger la farine, la cassonade, le sucre granulé et la cannelle. Remuer rapidement et ajouter les noix. Faire fonctionner et arrêter l'appareil à quelques reprises pour hacher très grossièrement. Ajouter le beurre, l'avoine et la vanille. Mélanger en faisant fonctionner et en arrêtant l'appareil à quelques reprises (des morceaux de beurre seront encore visibles). Verser dans un bol, couvrir et conserver de 30 min à 3 jours dans le réfrigérateur. Congeler si on ne l'utilise pas dans les prochains jours.

• Pour assembler et faire cuire la croustade : Préchauffer le four à 180 °C (350 °F). Beurrer un plat de cuisson de 23 x 33 cm (9 x 13 po) ou un plat de cuisson peu profond de 2,5 litres (10 tasses).

• Dans un grand bol, mélanger le sucre et la farine. Fouetter délicatement. Ajouter les nectarines et remuer. Ajouter la vanille, le zeste de citron et le jus de citron. Remuer un peu. Étendre dans le plat de cuisson.

• Émietter grossièrement la garniture et l'étendre uniformément sur les nectarines. Mettre le plat sur une plaque à pâtisserie et cuire au four environ 1 h, jusqu'à ce que le dessus soit doré et que le mélange de fruits soit chaud et bouillonnant. Laisser refroidir au moins 20 min avant de répartir dans des bols. Servir chaud, tiède ou à la température ambiante.

VARIANTE

Croustade à la rhubarbe, aux fraises et aux noix

• Remplacer les nectarines par 720 g (1 ½ lb) de rhubarbe coupée en morceaux de 2,5 cm (1 po) et 240 g (8 oz) de fraises mûres bien lavées, équeutées et coupées en deux. Augmenter la quantité de sucre à 160 g (⅔ tasse) et ne pas mettre de jus ni de zeste de citron.

INGRÉDIENTS

GARNITURE

- 240 g (2 tasses) de noix
- 180 g (1 tasse) de farine
- 120 g (½ tasse) de cassonade foncée
- 120 g (½ tasse) de sucre granulé
- ½ c. à café (½ c. à thé) de cannelle moulue
- 240 g (1 tasse) de beurre non salé, refroidi et coupé en morceaux de 12 mm (½ po)
- 90 g (1 tasse) de flocons d'avoine roulée (réguliers ou à cuisson rapide ; pas instantanés)
- 1 c. à café (1 c. à thé) d'extrait de vanille

- 80 g (⅓ tasse) de sucre
- 45 g (¼ tasse) de farine
- 1 kg (2 lb) de nectarines ou de pêches mûres et fermes, dénoyautées et coupées en tranches
- 1 c. à soupe d'extrait de vanille
- 1 c. à soupe de zeste de citron, râpé
- 2 c. à soupe de jus de citron fraîchement pressé

Gâteau au fromage à la lime avec croûte aux noix grillées

12 à 14 portions *(Norman Van Aken)*

PRÉPARATION

Le chef Van Aken recommande de servir ce gâteau avec un coulis de petits fruits frais ou congelés passés au tamis et un bon espresso.

• Pour préparer la croûte : Préchauffer le four à 180 °C (350 °F). Étendre les noix sur une plaque à pâtisserie ou dans un moule peu profond. Faire griller légèrement au four de 5 à 8 min, en remuant une ou deux fois, jusqu'à ce qu'elles dégagent tout leur arôme. Laisser refroidir.

• À l'aide du robot de cuisine, moudre finement les biscuits Graham. Ajouter les noix, le sucre, la cannelle, la muscade et le beurre. Faire fonctionner et arrêter l'appareil à quelques reprises pour obtenir une consistance homogène. Presser la croûte au fond et sur les côtés d'un moule à fond et à parois amovibles de 25 cm (10 po) de diamètre. Conserver dans le réfrigérateur pendant la préparation du gâteau.

• Pour assembler et cuire le gâteau : Préchauffer le four à 180 °C (350 °F). Dans un bol moyen, à l'aide du batteur électrique, battre les blancs d'œufs et 2 c. à soupe de sucre jusqu'à la formation de pics mous.

• Dans un grand bol, à l'aide du batteur électrique, battre le fromage à la crème environ 2 min, jusqu'à consistance légère et duveteuse. Incorporer en battant les ingrédients suivants, un à la fois, en battant bien après chaque addition : 135 g (3/4 tasse) de sucre, les jaunes d'œufs, la crème sure, la vanille et le jus de lime. Incorporer les blancs d'œufs jusqu'à ce qu'aucune trace ne soit visible. Verser dans le moule et égaliser le dessus à l'aide d'une spatule.

• Cuire au four environ 1 h (le centre doit bouger un peu lorsqu'on secoue délicatement le moule). Retirer du four et mettre sur une grille. Décoller le gâteau des parois du moule à l'aide d'un petit couteau. Baisser les parois et sortir le gâteau du moule. Couvrir et conserver au moins 6 h dans le réfrigérateur avant de servir bien refroidi.

INGRÉDIENTS

CROÛTE

- 90 g (3/4 tasse) de noix, moulues
- 14 biscuits Graham carrés de 6,25 cm (2 1/2 po)
- 80 g (1/3 tasse) de sucre
- 1 c. à café (1 c. à thé) de cannelle moulue
- 1 c. à café (1 c. à thé) de muscade fraîchement râpée
- 80 g (1/3 tasse) de beurre non salé, fondu

- 4 œufs, séparés
- 210 g (3/4 tasse + 2 c. à soupe) de sucre
- 480 g (1 lb) de fromage à la crème, à la température ambiante
- 250 ml (1 tasse) de crème sure
- 1/2 c. à café (1/2 c. à thé) d'extrait de vanille
- 60 ml (1/4 tasse) de jus de lime (citron vert)

INGRÉDIENTS

PRÉPARATION

Tarte aux pacanes avec croûte aux pacanes

6 à 8 portions

CROÛTE DE TARTE AUX PACANES

- 90 g (3/4 tasse) de pacanes, hachées
- 225 g (1 1/4 tasse) de farine
- 60 g (1/4 tasse) de sucre granulé
- 1/4 c. à café (1/4 c. à thé) de sel
- 120 g (1/2 tasse) de beurre non salé, refroidi, coupé en morceaux de 12 mm (1/2 po)
- 1 œuf
- 1/2 c. à café (1/2 c. à thé) d'extrait de vanille

- Environ 240 g (2 tasses) de pacanes, coupées en deux
- 180 g (1 1/2 tasse) de pacanes, hachées
- 4 œufs
- 240 g (1 tasse) de cassonade foncée bien tassée
- 1/4 c. à café (1/4 c. à thé) de sel
- 125 ml (1/2 tasse) de sirop de maïs clair
- 3 c. à soupe de beurre non salé, fondu et refroidi
- 1 c. à café (1 c. à thé) d'extrait de vanille

Pour gagner du temps, faites griller les pacanes pour la croûte et la garniture en même temps. Si vous n'avez peur de rien, servez cette tarte avec de la Crème glacée aux pacanes (p. 108). Un vrai péché...

• Pour préparer la croûte : Préchauffer le four à 180 °C (350 °F). Étendre les pacanes hachées sur une plaque à pâtisserie ou dans un moule peu profond. Faire griller légèrement au four de 5 à 10 min, en remuant une ou deux fois, jusqu'à ce qu'elles dégagent tout leur arôme. Laisser refroidir.

• À l'aide du robot de cuisine, mélanger les pacanes hachées, la farine, le sucre et le sel. Faire fonctionner et arrêter l'appareil à quelques reprises pour hacher très finement les pacanes. Ajouter le beurre. Faire fonctionner et arrêter l'appareil à quelques reprises pour obtenir une farine grossière. Ajouter l'œuf et la vanille. Mélanger jusqu'à ce que la pâte commence à former une boule.

• Vaporiser légèrement avec de l'huile végétale un moule à tarte à fond amovible de 19 x 28 cm ou 19 x 23 cm (7 1/2 x 11 po ou 7 1/2 x 9 po). Avec le bout des doigts, presser la pâte uniformément au fond et sur les côtés. Conserver au moins 30 min dans le réfrigérateur ou le congélateur.

• Pour assembler et cuire la tarte : Préchauffer le four à 180 °C (350 °F). Étendre les pacanes coupées en deux et les pacanes hachées sur deux plaques à pâtisserie différentes ou dans deux moules peu profonds. Faire griller légèrement au four de 5 à 10 min (pacanes hachées) et de 7 à 10 min (pacanes coupées), en remuant une ou deux fois, jusqu'à ce qu'elles dégagent tout leur arôme. Laisser refroidir. Réduire la température du four à 160 °C (325 °F).

• Dans un grand bol, battre les œufs, puis ajouter la cassonade, le sel et le sirop de maïs. Battre jusqu'à dissolution de la cassonade. Incorporer le beurre et la vanille, puis les pacanes hachées.

• Verser dans le moule à tarte. Couvrir avec des rangs de pacanes coupées en deux. Cuire au four de 45 à 50 min, jusqu'à ce que la pâte brunisse légèrement et que la garniture soit cuite. Laisser refroidir complètement sur une grille avant de servir.

Tarte à la frangipane et aux abricots

PRÉPARATION

8 à 10 portions

CROÛTE DE TARTE

- 270 g (1 ½ tasse) de farine
- Une pincée de sel
- 120 g (½ tasse) de beurre non salé, refroidi et coupé en morceaux de 12 mm (½ po)
- 1 jaune d'œuf
- 2 à 3 c. à soupe d'eau glacée

- 180 g (1 tasse) d'abricots secs
- 250 ml (1 tasse) de jus d'orange fraîchement pressé
- 120 g (1 tasse) d'amandes
- 160 g (⅔ tasse) de sucre
- 120 g (½ tasse) de beurre non salé, coupé en morceaux de 12 mm (½ po)
- 2 œufs
- 1 c. à soupe de brandy
- 1 c. à café (1 c. à thé) d'extrait de vanille
- ½ c. à café (½ c. à thé) d'extrait d'amande
- 45 g (¼ tasse) de farine
- 135 g (½ tasse) de confiture d'abricots ou d'abricots en conserve

La frangipane est une crème cuite faite de noix moulues, de beurre, de sucre, d'œufs et de farine utilisée couramment en pâtisserie. Elle devient gonflée et dorée pendant la cuisson. Son goût de noisettes caramélisées est unique. Elle se marie bien aux pêches et aux abricots. Ici, nous faisons gonfler des abricots secs dans du jus d'orange. Vous pouvez aussi utiliser des fruits frais (abricots, pêches, nectarines) ou des poires pochées.

• Pour préparer la croûte : À l'aide du robot de cuisine, mélanger rapidement la farine et le sel. Ajouter le beurre. Faire fonctionner et arrêter l'appareil à quelques reprises pour obtenir une farine grossière. Ajouter le jaune d'œuf et mélanger. Tandis que le moteur continue de tourner, ajouter 1 c. à soupe d'eau glacée. Continuer d'ajouter de l'eau, quelques gouttes à la fois, jusqu'à ce que la pâte commence à former une boule. Aplatir la boule en un cercle de 15 cm (6 po), envelopper dans de la pellicule plastique et laisser raffermir environ 30 min dans le réfrigérateur.

• Sur un plan de travail légèrement fariné, rouler la pâte en formant un cercle de 30 cm (12 po) de diamètre ayant environ 3 mm (⅛ po) d'épaisseur. Étendre délicatement la pâte dans un moule à tarte à fond amovible de 25 cm (10 po). Couvrir les côtés avec le surplus de pâte pour qu'ils soient plus épais que le fond. Enlever tout excédent de pâte. Laisser raffermir au moins 30 min dans le réfrigérateur ou le congélateur.

• Pour préparer la garniture : Dans une petite casserole, mélanger les abricots secs avec juste assez de jus d'orange pour les couvrir. Laisser reposer 30 min à la température ambiante, puis amener à ébullition à feu moyen. Réduire le feu à chaleur très douce et cuire environ 10 min, jusqu'à ce qu'ils soient tendres sans perdre leur forme. Retirer du feu et laisser refroidir.

• Préchauffer le four à 180 °C (350 °F). Étendre les amandes sur une plaque à pâtisserie ou dans un moule peu profond. Faire griller légèrement au four de 8 à 12 min, en remuant une ou deux fois, jusqu'à ce qu'elles dégagent tout leur arôme. Laisser refroidir. Augmenter la température du four à 190 °C (375 °F) et placer la grille dans le bas du four.

• À l'aide du robot de cuisine, mélanger les amandes et le sucre. Faire fonctionner et arrêter l'appareil à quelques reprises pour hacher les amandes très finement. Ajouter le beurre et mélanger jusqu'à consistance lisse et crémeuse. Ajouter les œufs, le brandy, la vanille et l'extrait d'amande. Bien mélanger. Ajouter la farine et mélanger en faisant fonctionner et en arrêtant l'appareil à quelques reprises.

• Pour assembler et cuire la tarte : Verser la préparation aux amandes dans la croûte. Égaliser le dessus à l'aide d'une spatule. Bien égoutter les abricots et les mettre sur le dessus de la tarte. Cuire au four 15 min. Réduire la température du four à 180 °C (350 °F). Cuire au four de 15 à 20 min, jusqu'à ce que la garniture soit cuite et que la croûte soit dorée. Laisser reposer sur une grille.

• Dans une petite casserole, réchauffer la confiture d'abricots à feu doux jusqu'à ce qu'elle se liquéfie. Presser à travers les mailles d'une passoire pour enlever tout morceau de fruit. Badigeonner cette glace chaude sur la tarte encore chaude. Laisser la tarte refroidir complètement avant de servir.

Tarte aux noix de macadam

6 à 8 portions *(Emily Luchetti)*

Emily Luchetti est maître dans l'art de réinventer les desserts classiques. Dans cette recette, elle allie les noix de macadam, les pacanes et la noix de coco à une garniture caramélisée et croquante. Achetez du lait de coco non sucré populaire dans la cuisine orientale et non pas celui que l'on utilise pour faire le pina colada.

PRÉPARATION

• Pour préparer la croûte : À l'aide du robot de cuisine, mélanger rapidement le sucre granulé, la farine et le sel. Ajouter le beurre et mélanger pendant 5 secondes. Tandis que le moteur continue de tourner, ajouter l'eau glacée et mélanger juste assez pour la pâte commence à s'assembler. Presser un peu de pâte entre les doigts. Si elle est trop sèche, ajouter plus d'eau glacée, quelques gouttes à la fois.

• Sur un plan de travail légèrement fariné, rouler la pâte en formant un rectangle de 15 x 40 cm (6 x 16 po) ayant environ 6 mm (1/4 po) d'épaisseur. Étendre la pâte dans un moule à tarte de 10 x 36 cm (4 x 14 po). Ou rouler la pâte pour obtenir un cercle de 28 cm de diamètre et foncer un moule à tarte à fond amovible de 23 cm (9 po). Couvrir les côtés avec le surplus de pâte pour qu'ils soient plus épais que le fond. Enlever tout excédent de pâte. Laisser raffermir au moins 30 min dans le réfrigérateur ou le congélateur.

• Pour cuire partiellement la croûte, préchauffer le four à 180 °C (350 °F). À l'aide d'une fourchette, piquer le fond et les côtés plusieurs fois. Découper un papier parchemin de 30 x 36 cm (12 x 14 po) ou un papier d'aluminium double épaisseur perforé à plusieurs endroits et en couvrir délicatement la croûte. Cuire au four environ 15 min, jusqu'à ce que les bords commencent à dorer légèrement. Retirer délicatement le papier. Cuire 5 min de plus, jusqu'à ce que le fond soit sec sans brunir. Laisser reposer sur une grille.

• Pour assembler et cuire la tarte : Préchauffer le four à 180 °C (350 °F). Étendre les noix de macadam sur une plaque à pâtisserie ou dans un moule peu profond. Faire griller légèrement au four de 5 à 7 min, en remuant une ou deux fois, jusqu'à ce qu'elles dégagent tout leur arôme. Laisser refroidir. Réduire la température du four à 160 °C (325 °F).

• Étendre la noix de coco sur une plaque à pâtisserie ou dans un moule peu profond. Faire griller légèrement au four environ 10 min en remuant une ou deux fois. Laisser refroidir. Augmenter la température à 180 °C (350 °F).

• Étendre les pacanes sur une plaque à pâtisserie ou dans un moule peu profond. Faire griller légèrement au four de 7 à 10 min, en remuant une ou deux fois, jusqu'à ce qu'elles dégagent tout leur arôme. Laisser refroidir. Garder le four allumé à 180 °C (350 °F).

• Dans une petite casserole, faire fondre le beurre à feu moyen. Incorporer la cassonade et bien l'humecter de beurre fondu. Retirer du feu et réserver.

• Dans un grand bol, fouetter ensemble les jaunes d'œufs, le lait de coco, l'extrait d'amande et le sel. Incorporer la cassonade en fouettant. Incorporer les noix de macadam, la noix de coco et les pacanes. Verser dans la croûte et égaliser le dessus à l'aide d'une spatule. Cuire au four environ 20 min, jusqu'à ce que le centre soit cuit et que la tarte soit dorée. Laisser refroidir un peu avant de servir tiède ou à la température ambiante.

INGRÉDIENTS

CROÛTE DE TARTE SUCRÉE

- 1 c. à soupe de sucre granulé
- 270 g (1 1/2 tasse) de farine
- 1/4 c. à café (1/4 c. à thé) de sel
- 180 g (3/4 tasse) de beurre non salé, refroidi et coupé en morceaux de 12 mm (1/2 po)
- Environ 2 c. à soupe d'eau glacée

- 90 g (3/4 tasse) de noix de macadam, hachées
- 100 g (1 tasse) de noix de coco sucrée râpée
- 30 g (1/4 tasse) de pacanes
- 5 c. à soupe de beurre non salé
- 120 g (1/2 tasse) de cassonade pâle bien tassée
- 4 jaunes d'œufs
- 80 ml (1/3 tasse) de lait de coco non sucré en conserve
- 1 c. à café (1 c. à thé) d'extrait d'amande
- Une pincée de sel

COMMENT RÉPARER UNE CROÛTE FISSURÉE

Si le fond de tarte commence à craqueler, faites une pâte épaisse avec de la farine et de l'eau et prenez cette « colle » pour sceller les fissures. Mettez la croûte au four quelques minutes pour faire sécher. – E.L.

Tarte chaude au chocolat et aux noix

PRÉPARATION

(Joanne Weir) **8 à 10 portions**

PÂTE BRISÉE

- 270 g (1 ½ tasse) de farine
- 2 c. à soupe de sucre
- ¼ c. à café (¼ c. à thé) de sel
- 1 ½ c. à café (1 ½ c. à thé) de zeste de citron fraîchement râpé
- 180 g (¾ tasse) de beurre non salé, refroidi et coupé en morceaux de 12 mm (½ po)
- 1 à 1 ½ c. à soupe d'eau glacée

- 240 g (2 tasses) de noix
- 150 g (5 oz) de chocolat mi-amer, haché
- 60 g (¼ tasse) de beurre non salé, coupé en 8 morceaux de même grosseur
- 250 ml (1 tasse) de sirop de maïs foncé
- 60 g (¼ tasse) de sucre granulé
- 3 œufs
- 2 c. à soupe de brandy ou de cognac
- 250 ml (1 tasse) de crème fraîche épaisse (35 %)
- 3 c. à soupe de sucre glace
- ¼ c. à café (¼ c. à thé) d'extrait de vanille
- Noix, coupées en deux et grillées (garniture)

Voici la tarte au chocolat chaud dont vous avez rêvé pendant toute votre vie. Prenez une seule bouchée, fermez les yeux, respirez profondément, souriez et vous aurez une bonne idée de ce qu'est la perfection. Cette tarte est aussi bonne quand elle est froide.

• Pour préparer la croûte : À l'aide du robot de cuisine, mélanger rapidement la farine, le sucre et le sel. Ajouter le zeste de citron et le beurre. Faire fonctionner et arrêter l'appareil à quelques reprises pour obtenir une farine grossière. Tandis que le moteur continue de tourner, ajouter de l'eau glacée, quelques gouttes à la fois, jusqu'à ce que la pâte commence à former une boule. Aplatir la pâte pour former un cercle de 15 cm (6 po), envelopper avec de la pellicule plastique et laisser raffermir environ 30 min dans le réfrigérateur.

• Vaporiser légèrement avec de l'huile végétale un moule à tarte à fond amovible de 28 cm (11 po) de diamètre. Avec le bout des doigts, presser uniformément la pâte au fond et sur les côtés de l'assiette. Laisser raffermir environ 30 min dans le congélateur. Préchauffer le four à 200 °C (400 °F).

• À l'aide d'une fourchette, piquer le fond et les côtés plusieurs fois. Découper un papier parchemin de 30 x 30 cm (12 x 12 po) ou un papier d'aluminium double épaisseur perforé à plusieurs endroits et en couvrir délicatement la croûte. Cuire au four de 10 à 15 min, jusqu'à ce que les bords commencent à dorer légèrement. Retirer délicatement le papier. Réduire la température du four à 190 °C (375 °F). Cuire au four de 15 à 20 min jusqu'à ce que la croûte soit complètement dorée. Laisser reposer sur une grille.

• Pour assembler et cuire la tarte : Préchauffer le four à 180 °C (350 °F). Étendre les noix sur une plaque à pâtisserie ou dans un moule peu profond. Faire griller légèrement au four de 10 à 12 min, en remuant une ou deux fois, jusqu'à ce qu'elles dégagent tout leur arôme. Laisser refroidir. Garder le four allumé à 180 °C (350 °F).

• Dans un grand bol résistant à la chaleur qui tient parfaitement au-dessus d'une casserole contenant 5 cm (2 po) d'eau bouillante, faire fondre le chocolat et le beurre et remuer jusqu'à consistance lisse. Retirer du feu.

• Dans une casserole moyenne, mélanger le sirop de maïs et le sucre granulé. Cuire à feu moyen-élevé, en remuant, jusqu'à ébullition. Verser dans le chocolat fondu.

• Dans un bol moyen, fouetter les œufs avec le brandy jusqu'à consistance mousseuse. Verser dans le chocolat fondu. Ajouter les noix. Verser dans la croûte. Cuire au four de 35 à 40 min, jusqu'à ce que la garniture soit cuite et qu'un cure-dent inséré au centre ressorte propre. Laisser refroidir sur une grille de 15 à 20 min.

• Pendant ce temps, dans un grand bol, fouetter la crème, 2 c. à soupe de sucre glace et la vanille, jusqu'à formation de pics mous.

• Saupoudrer la tarte avec le sucre glace restant et garnir avec les noix coupées en deux. Servir avec la crème fouettée sucrée.

Tarte au sirop d'érable et aux noix

8 à 10 portions

PRÉPARATION

Imaginez un mélange de sirop d'érable et de noix servi dans une croûte joliment décorée de feuilles d'érable. N'achetez que du sirop de première qualité; les imitations ne conviendraient pas à cette recette. Cette tarte est savoureuse telle quelle, mais vous pouvez aussi la servir avec de la crème glacée à la vanille ou au caramel.

• Pour préparer la pâte : À l'aide du robot de cuisine, mélanger rapidement la farine et le sel. Ajouter le beurre et le shortening. Mélanger pendant 5 secondes. Tandis que le moteur continue de tourner, ajouter 6 c. à soupe d'eau glacée et mélanger jusqu'à ce que la pâte commence à former une boule. Enlever le couvercle et presser un peu de pâte entre les doigts. Si elle semble trop sèche, ajouter lentement jusqu'à 2 c. à soupe d'eau glacée, quelques gouttes à la fois. Rassembler la pâte en boule.

• Diviser la pâte en deux morceaux : un plus grand utilisant environ les deux tiers de la pâte et un plus petit fait avec la pâte restante. Aplatir les deux morceaux pour obtenir deux cercles de 12 mm (½ po) d'épaisseur environ. Envelopper séparément dans de la pellicule plastique et conserver au moins 30 min dans le réfrigérateur.

• Sur un plan de travail légèrement fariné, rouler le plus grand morceau de pâte en formant un cercle de 30 cm (12 po) de diamètre. Étendre la pâte dans un moule à bord haut de 23 cm (9 po) légèrement beurré en laissant 12 mm (½ po) de pâte retomber à l'extérieur. Faire tomber l'excédent de pâte et presser fermement la pâte contre les parois du moule. Conserver au moins 30 min dans le réfrigérateur.

• Sur un plan de travail légèrement fariné, rouler l'autre morceau de pâte en formant un cercle de 3 mm (⅛ po) d'épaisseur. À l'aide d'un emporte-pièce de 4 cm (1 ½ po) ou d'un petit couteau bien affûté, découper environ 25 feuilles d'érable ou autres formes de feuilles. Si désiré, à l'aide du côté émoussé d'un couteau, faire des incisions rappelant les nervures des feuilles. Soulever délicatement les feuilles à l'aide d'une spatule et les mettre sur une plaque à pâtisserie couverte de papier ciré (sulfurisé). Laisser raffermir complètement dans le réfrigérateur ou le congélateur.

• Pour assembler la tarte : Préchauffer le four à 180 °C (350 °F). Étendre les noix sur une plaque à pâtisserie ou dans un moule peu profond. Faire griller légèrement au four de 8 à 10 min, en remuant une ou deux fois, jusqu'à ce qu'elles dégagent tout leur arôme. Laisser refroidir. Mettre la grille du four dans la partie la plus basse de celui-ci et augmenter la température à 220 °C (425 °F).

• À l'aide d'une fourchette, piquer le fond et les côtés de la croûte plusieurs fois. Découper un papier parchemin de 30 x 30 cm (12 x 12 po) ou un papier d'aluminium double épaisseur perforé à plusieurs endroits et en couvrir délicatement la croûte. Cuire au four 10 min. Retirer délicatement le papier.

(Suite page suivante)

INGRÉDIENTS

CROÛTE

- 405 g (2 ¼ tasses) de farine
- ¾ c. à café (¾ c. à thé) de sel
- 120 g (½ tasse) de beurre non salé, refroidi et coupé en morceaux de 12 mm (½ po)
- 80 g (⅓ tasse) de shortening végétal solide, coupé en morceaux de 12 mm (½ po)
- 6 à 8 c. à soupe d'eau glacée

- 270 g (2 ¼ tasses) de noix, hachées
- 4 œufs
- 250 ml (1 tasse) de sirop d'érable pur
- 80 g (⅓ tasse) de cassonade foncée bien tassée
- 60 g (¼ tasse) de beurre non salé, fondu
- 1 c. à soupe de brandy ou 1 c. à café (1 c. à thé) d'extrait de vanille
- ¼ c. à café (¼ c. à thé) de sel

PRÉPARATION

• Séparer 1 œuf et réserver le jaune. Dans un petit bol, battre le blanc d'œuf jusqu'à consistance mousseuse. Badigeonner la croûte avec le blanc d'œuf. Badigeonner ensuite le dessous de chaque feuille d'érable et les coller au fur et à mesure contre le bord de la croûte en les faisant se chevaucher légèrement. Presser délicatement les feuilles d'érable pour qu'elles adhèrent bien à la croûte. Badigeonner le dessus des feuilles avec le blanc d'œuf restant. Cuire au four 5 min de plus, jusqu'à ce que la pâte soit lustrée et sèche (ne pas laisser brunir). Laisser reposer sur une grille.

• Dans un grand bol, fouetter ensemble le jaune d'œuf réservé avec les 3 œufs entiers, le sirop d'érable, la cassonade, le beurre, le brandy et le sel.

• Mettre le moule contenant la croûte sur une plaque à pâtisserie. Couvrir le fond avec les noix. Verser le mélange au sirop d'érable par-dessus en pressant délicatement les noix pour bien les enrober. Cuire au four, sur la plaque à biscuits, de 30 à 35 min, jusqu'à ce que la garniture soit ferme et gonflée. Laisser refroidir complètement sur une grille. Découper en pointes à l'aide d'un couteau bien affûté.

INGRÉDIENTS

PRÉPARATION

Torte aux noix de l'Engadine

(Nick Malgieri) **12 portions ou plus**

PÂTE

- 540 g (3 tasses) de farine
- 120 g (1/2 tasse) de sucre
- 1 c. à café (1 c. à thé) de levure chimique
- 240 g (1 tasse) de beurre non salé, refroidi et coupé en morceaux de 12 mm (1/2 po)
- 2 œufs
- 1 jaune d'œuf

- 240 g (2 tasses) de noix
- 300 g (1 1/4 tasse) de sucre
- 1 c. à café (1 c. à thé) d'eau
- 160 ml (2/3 tasse) de crème fraîche épaisse (35 %)
- 1 c. à soupe de miel

La vallée de l'Engadine, située au sud-est de la Suisse, a donné naissance à plus de chefs pâtissiers que n'importe quelle autre partie du monde selon le chef Nick Malgieri. Au XIXe siècle, les habitants de cette région ont émigré dans plusieurs pays où ils se sont évidemment empressés d'ouvrir des pâtisseries. Leur spécialité régionale était la torte composée d'une double croûte au beurre remplie de noix et de riche caramel. Cette torte est meilleure si on la prépare la veille.

• Pour préparer la pâte : À l'aide du robot de cuisine, mélanger rapidement la farine, le sucre et la levure chimique. Ajouter le beurre. Faire fonctionner et arrêter l'appareil à quelques reprises pour obtenir une pâte non collante ayant la consistance de miettes poudreuses. Ajouter les œufs et le jaune d'œuf et mélanger jusqu'à ce que la pâte forme une boule.

• Diviser la pâte en deux morceaux : un plus grand utilisant environ les deux tiers de la pâte et un plus petit fait avec la pâte restante. Aplatir les deux morceaux pour obtenir deux cercles de 12 mm (1/2 po) d'épaisseur environ. Envelopper séparément dans de la pellicule plastique et conserver au moins 30 min dans le réfrigérateur.

• Pour assembler et cuire la torte : Préchauffer le four à 180 °C (350 °F) et placer la grille dans la partie la plus basse. Étendre les noix sur une plaque à pâtisserie ou dans un moule peu profond. Faire griller légèrement au four de 10 à 12 min, en remuant une ou deux fois, jusqu'à ce qu'elles dégagent tout leur arôme. Laisser refroidir un peu avant de hacher grossièrement. Garder le four allumé à 180 °C (350 °F).

• Mélanger le sucre et l'eau dans une grande casserole à fond épais. Cuire à feu moyen, en remuant de temps à autre, jusqu'à consistance onctueuse et coloration ambrée. Retirer du feu et incorporer lentement la crème et le miel (des bulles se formeront). Remettre à feu moyen et amener à ébullition. Laisser bouillir 1 min. Retirer du feu et incorporer les noix. Beurrer un bol moyen résistant à la chaleur. Verser la préparation aux noix et laisser refroidir un peu à la température ambiante.

• Beurrer un moule à gâteau de 23 cm (9 po) de diamètre. Rouler le plus grand morceau de pâte en formant un cercle de 33 à 36 cm (13 à 14 po). Étendre la pâte dans le moule en laissant retomber les bords à l'extérieur. Verser la préparation aux noix et égaliser le dessus. Rouler l'autre morceau de pâte en formant un cercle de 23 cm (9 po) et en couvrir la garniture. Replier le surplus de pâte pour faire un bord. Cuire au four de 45 à 55 min, jusqu'à ce que la pâte soit ferme et bien dorée. Laisser refroidir complètement sur une grille. Bien envelopper dans de la pellicule plastique et conserver environ 24 h à la température ambiante. Découper en pointes avant de servir. Conserver les restes à la température ambiante dans un contenant hermétique.

Crème glacée aux pacanes grillées avec lavande, figues et miel

Donne environ 1 litre (4 tasses) *(Mark Franz)*

PRÉPARATION

Le chef Mark Franz laisse infuser les pacanes grillées dans de la crème fraîche. Il passe ensuite la crème dans un tamis avant de la congeler. La crème glacée ainsi obtenue est onctueuse et satinée. Il est important de couper les figues fraîches en tranches très fines, mais on peut aussi se contenter de figues coupées en quartiers si le temps nous manque.

• Préchauffer le four à 180 °C (350 °F). Étendre les pacanes sur une plaque à pâtisserie ou dans un moule peu profond. Faire griller légèrement au four de 7 à 10 min, en remuant une ou deux fois, jusqu'à ce qu'elles dégagent tout leur arôme. Laisser refroidir un peu avant de hacher grossièrement. Réserver 30 g (¼ tasse) pour la garniture.

• Avant la pointe d'un couteau bien affûté, fendre la gousse de vanille en deux sur la longueur et racler les graines dans une casserole moyenne à fond épais. Ajouter la gousse de vanille, les pacanes, le lait et la crème. Cuire à feu moyen jusqu'à ce que des bulles commencent à se former autour des parois ; ne pas laisser bouillir. Retirer du feu et laisser reposer 30 min.

• Incorporer le sucre au mélange crème-pacanes. Cuire à feu moyen jusqu'à dissolution du sucre. Ne pas laisser bouillir (des bulles se formeront autour des parois).

• Dans un bol moyen, fouetter les jaunes d'œufs et incorporer environ 250 ml (1 tasse) de la crème aux pacanes. Verser dans la casserole, réduire la chaleur et cuire à feu moyen-doux de 5 à 10 min, jusqu'à ce que la crème nappe bien le dos d'une cuillère (71 °C/160 °F). Ne pas trop chauffer sinon les jaunes d'œufs cailleront. Laisser refroidir un peu, couvrir et conserver au moins 4 h dans le réfrigérateur.

• Égoutter la crème dans un bol en pressant le plus de graines de vanille possible contre les parois du tamis. Jeter les pacanes et la gousse de vanille. Verser la crème dans une sorbetière et congeler en suivant les indications du manufacturier. Transvider dans un contenant à couvercle et laisser raffermir dans le congélateur pendant au moins 3 h.

• Si on achète du miel de lavande dans le commerce, omettre l'étape suivante : Dans une petite casserole, chauffer le miel à feu doux. (Ou le réchauffer dans le four à micro-ondes.) Retirer du feu et incorporer les fleurs de lavande. Laisser reposer au moins 15 min.

• Pour chaque portion, découper 2 figues en tranches extrêmement fines. Dresser autour d'une assiette ou d'un bol. Servir une boule de crème glacée au centre. Arroser avec environ 2 c. à soupe de miel infusé à la lavande, décorer avec des fleurs de lavande fraîche et les pacanes restantes. Servir immédiatement.

INGRÉDIENTS

- 150 g (1 ¼ tasse) de pacanes
- 1 gousse de vanille
- 410 ml (1 ⅔ tasse) de lait
- 410 ml (1 ⅔ tasse) de crème fraîche épaisse (35 %)
- 180 g (¾ tasse) de sucre
- 6 jaunes d'œufs
- 185 g (½ tasse) de miel
- ½ c. à café (½ c. à thé) de fleurs de lavande fraîche et un peu plus pour la garniture
- 8 figues violettes fermes et mûres

Crème glacée classique aux noix enrobées de chocolat

Donne environ 475 ml (16 oz) de crème glacée

L'ajout de sirop de maïs aide à garder le chocolat mou et croquant. Vous pouvez utiliser des noix, des amandes et des pacanes grillées (ou un mélange) dans cette recette, mais nous croyons que les noix et les pacanes donnent les meilleurs résultats. Les noix enrobées de chocolat sont aussi délicieuses sur de la crème glacée ou comme garniture pour les tartes et les gâteaux.

INGRÉDIENTS

- 60 g (1/2 tasse) de noix
- 60 g (2 oz) de chocolat mi-amer ou mi-sucré, haché
- 2 c. à café (2 c. à thé) de sirop de maïs foncé
- 1 c. à café (1 c. à thé) de beurre non salé
- 475 ml (16 oz) de crème glacée à la vanille (ou autre parfum) ou de yogourt glacé à la vanille

PRÉPARATION

- Préchauffer le four à 180 °C (350 °F). Étendre les noix sur une plaque à pâtisserie ou dans un moule peu profond. Faire griller légèrement au four de 10 à 12 min, en remuant une ou deux fois, jusqu'à ce qu'elles dégagent tout leur arôme. Laisser refroidir.
- Dans la partie supérieure d'un bain-marie ou dans un bol résistant à la chaleur qui tient parfaitement au-dessus d'une casserole contenant 5 cm (2 po) d'eau chaude, faire fondre le chocolat, le sirop de maïs et le beurre en remuant jusqu'à consistance lisse. Ajouter les noix et bien remuer. À l'aide d'une fourchette ou d'une brochette en bois, retirer les noix une à une et les déposer sur une plaque à biscuits ou dans un moule tapissé de papier parchemin. Congeler de 10 à 15 min, jusqu'à ce que le chocolat soit froid et dur.
- Sortir la crème glacée du congélateur et laisser reposer de 10 à 15 min à la température ambiante (elle doit être ramollie sans avoir fondu). Incorporer les noix refroidies. Servir immédiatement ou conserver dans un contenant hermétique placé dans le congélateur.

INGRÉDIENTS

- 30 g (1/4 tasse) d'amandes
- 80 g (1/3 tasse) de sucre
- 1/2 c. à café (1/2 c. à thé) de zeste de citron, râpé
- 1/2 c. à café (1/2 c. à thé) de cardamome, moulue
- Une pincée de sel

PRÉPARATION

Poudre d'amandes à la cardamome

(Gary Danko) **Donne environ 90 g (3/4 tasse)**

Le chef Gary Danko utilise cette «poussière magique» dans sa recette de crème glacée. Essayez-la avec de la crème glacée à la vanille en ajoutant environ 30 g (1/4 tasse) de poudre d'amandes à 470 ml de crème glacée. Remettez-la dans le congélateur avant de la déguster pour qu'elle s'imprègne bien du goût unique des amandes. Cette poudre peut aussi remplacer le sucre granulé ou le sucre à la cannelle sur des toasts ou dans le gruau, les muffins, les biscuits, les cakes et la polenta (sans fromage évidemment).

• Préchauffer le four à 180 °C (350 °F). Étendre les amandes sur une plaque à pâtisserie ou dans un moule peu profond. Faire griller légèrement au four de 10 à 12 min, jusqu'à ce qu'elles dégagent tout leur arôme. Laisser refroidir.

• À l'aide du robot de cuisine, mélanger les amandes, le sucre, le zeste de citron, la cardamome et le sel. Faire fonctionner et arrêter l'appareil à quelques reprises pour moudre les amandes au goût (grossièrement ou très finement). Utiliser immédiatement ou conserver dans un contenant hermétique.

BISCUITS ET GÂTEAUX

Le noyer, en particulier,
est de couleur plus claire en mai
qu'en septembre.

LÉONARD DE VINCI

UN PEU D'AUDACE

Ayez toujours des noix, des noisettes ou des pacanes dans votre cuisine. Les unes peuvent facilement remplacer les autres dans les recettes. Par exemple, les pacanes et les noix ont une texture semblable et sont presque interchangeables. Il en est de même pour les amandes, les noisettes et les noix de macadam. Les recettes de ce livre vous permettent de faire des variantes que vous apprécierez peut-être même plus que les recettes originales. Faites preuve d'imagination !

Tartelettes aux noisettes à la mode écossaise

Donne environ 24 tartelettes

Ces tartelettes, appelées tassies en écossais, plairont aux nostalgiques qui aiment les desserts réconfortants faits à la maison. Ils sont faciles à préparer et sont particulièrement appréciés pendant les jours de fête. Pour obtenir une garniture un peu moins croquante, hachez finement les noisettes après les avoir grillées.

INGRÉDIENTS

- 120 g (½ tasse) de beurre non salé, à la température ambiante
- 90 g (3 oz) de fromage à la crème, à la température ambiante
- ¼ c. à café (¼ c. à thé) de sel
- Une pincée de sucre granulé
- 180 g (1 tasse) de farine
- 120 g (1 tasse) de noisettes, hachées
- 180 g (¾ tasse) de cassonade pâle bien tassée
- 1 œuf
- 1 c. à café (1 c. à thé) d'extrait de vanille

PRÉPARATION

• Dans un bol moyen ou à l'aide du robot de cuisine, mélanger ensemble le beurre, le fromage à la crème, la moitié du sel et le sucre granulé. Incorporer la farine et remuer juste assez pour obtenir un mélange homogène. Envelopper la pâte dans de la pellicule plastique et conserver au moins 1 h et jusqu'à 3 jours dans le réfrigérateur. Congeler si on ne compte pas l'utiliser avant plusieurs jours.

• Préchauffer le four à 180 °C (350 °F). Étendre les noisettes sur une plaque à pâtisserie ou dans un moule peu profond. Faire griller légèrement au four de 8 à 10 min, en remuant une ou deux fois, jusqu'à ce qu'elles dégagent tout leur arôme. Laisser refroidir. Réduire la température du four à 160 °C (325 °F).

• Vaporiser 24 petits moules à muffins de 4,5 cm (1 ¾ po) avec de l'huile végétale. Diviser la pâte en deux et façonner chaque morceau en 12 boules de 2,5 cm (1 po). Mettre 1 boule dans chaque moule. Presser la pâte pour qu'elle couvre bien le fond et les parois.

• Dans un bol moyen, mélanger le sel restant, la cassonade, l'œuf et la vanille. Fouetter jusqu'à consistance onctueuse. Incorporer les noisettes grillées. Répartir dans les 24 croûtes en les remplissant complètement. Cuire au four environ 25 min, jusqu'à ce que la garniture soit cuite et que le bord commence à brunir. Mettre une grille sur une des plaques à muffins et renverser pour démouler. Remettre les tartelettes à l'endroit à l'aide d'une pince. Faire de même avec l'autre plaque à muffins. Laisser refroidir complètement. Servir immédiatement ou conserver jusqu'à 3 jours à la température ambiante dans un contenant hermétique. Ces tartelettes peuvent aussi être congelées.

INGRÉDIENTS

- 180 g (1 tasse) de farine
- 30 g (1/4 tasse) de noix, moulues
- 1/4 c. à café (1/4 c. à thé) de sel
- 120 g (1/2 tasse) de beurre non salé, à la température ambiante
- 120 g (1/2 tasse) de sucre
- 1 œuf, séparé
- 1/2 c. à café (1/2 c. à thé) d'extrait de vanille
- 240 g (2 tasses) de noix, finement hachées
- 70 g (1/4 tasse) de confiture au goût (sans pépins)

PRÉPARATION

Biscuits au beurre et aux noix

Donne environ 24 biscuits

Un grand classique : des biscuits au beurre garnis de confiture. Essayez cette recette avec un assortiment de confitures. Celles aux abricots et aux framboises conviennent particulièrement ici.

• Préchauffer le four à 180 °C (350 °F). Dans un petit bol, fouetter ensemble la farine, les noix moulues et le sel.

• Dans un grand bol, battre le beurre et le sucre à vitesse moyenne-élevée à l'aide du batteur électrique, environ 2 min, jusqu'à consistance lisse et crémeuse. Ajouter le jaune d'œuf et la vanille. Battre de 1 à 2 min, jusqu'à consistance légère et duveteuse. Ajouter lentement la farine en remuant juste assez pour obtenir une consistance homogène. Diviser la pâte en deux et façonner chaque morceau en 12 boules de 2,5 cm (1 po). Si la pâte est trop molle pour être façonnée en boules, couvrir et laisser 1 h dans le réfrigérateur.

• Couvrir une plaque à pâtisserie avec du papier parchemin ou vaporiser avec de l'huile végétale.

• Dans un petit bol, fouetter le blanc d'œuf jusqu'à consistance mousseuse. Mettre les boules sur une plaque à pâtisserie en laissant au moins 2,5 cm (1 po) entre elles. Tremper chaque boule dans le blanc d'œuf, puis les rouler dans les noix hachées. Avec le pouce, un dé fariné ou le manche d'une cuillère en bois, faire un creux profond au centre de chaque biscuit. (Si la pâte se déchire, la recoller ensemble.) À l'aide d'une petite cuillère, remplir chaque creux avec de la confiture. Cuire au four de 12 à 15 min, jusqu'à ce que le dessus des biscuits soit légèrement coloré et que le fond soit doré. Laisser refroidir complètement sur une grille. Conserver jusqu'à 5 jours à la température ambiante dans un contenant hermétique.

Biscuits porc-épic aux pignons

Donne environ 60 biscuits

INGRÉDIENTS

- 120 g (1 tasse) de noisettes, hachées
- 120 g (1 tasse) d'amandes effilées
- 780 g (3 1/4 tasses) de sucre
- 6 blancs d'œufs
- 120 g (1 tasse) d'amandes entières
- 22 g (1/4 tasse) de poudre de cacao non sucrée
- 3 c. à soupe de beurre non salé, à la température ambiante
- 1 c. à café (1 c. à thé) de miel
- 1/2 c. à café (1/2 c. à thé) d'extrait d'amande
- 540 g (4 1/2 tasses) de pignons
- Sucre glace

PRÉPARATION

• Préchauffer le four à 180 °C (350 °F). Étendre les noisettes sur une plaque à pâtisserie ou dans un moule peu profond. Faire griller légèrement au four de 8 à 10 min, en remuant une ou deux fois, jusqu'à ce qu'elles dégagent tout leur arôme. Laisser refroidir.

• À l'aide du robot de cuisine, mélanger les amandes effilées et 60 g (1/4 tasse) de sucre. Faire fonctionner et arrêter l'appareil à quelques reprises pour moudre finement les amandes. Ajouter 300 g (1 1/4 tasse) de sucre et 3 blancs d'œufs. Bien mélanger et verser dans un grand bol.

• Dans le même bol du robot de cuisine, mélanger les noisettes, les amandes entières et 60 g (1/4 tasse) de sucre. Faire fonctionner et arrêter l'appareil à quelques reprises pour moudre finement. Ajouter le sucre restant, 3 blancs d'œufs, le cacao, le beurre, le miel et l'extrait d'amande. Mélanger jusqu'à formation d'une pâte.

• Verser dans le bol contenant les amandes effilées et bien remuer. Si la pâte est trop molle pour être façonnée en boules, couvrir et laisser 1 h dans le réfrigérateur.

• Couvrir 2 ou 3 plaques à pâtisserie avec du papier parchemin ou vaporiser avec de l'huile végétale.

• Étendre les pignons sur une assiette ou dans un moule peu profond. Former des boules avec la pâte en prenant 1 c. à soupe comble par boule. Rouler les boules dans les pignons. Mettre les boules sur les plaques à pâtisserie en laissant 4 cm (1 1/2 po) entre eux. Aplatir légèrement chaque boule avec la paume. Laisser reposer à découvert, toute la nuit, à la température ambiante.

• Préchauffer le four à 190 °C (375 °F). Tamiser le sucre glace au-dessus des biscuits en saupoudrant généreusement. Cuire au four de 16 à 18 min, jusqu'à ce que les biscuits soient cuits et que le dessus soit gonflé et doré. Laisser reposer les biscuits 2 min sur les plaques avant de les mettre sur une grille. Conserver jusqu'à 5 jours à la température ambiante dans un contenant hermétique.

Rugalach aux canneberges et aux noisettes

Donne 32 rugalach *(Todd English)*

PRÉPARATION

Les rugalach sont les biscuits les plus populaires chez les Juifs de l'Europe de l'Est. Ce sont de petits croissants tendres remplis de noix et de raisins secs. En Amérique, on leur ajoute du fromage à la crème, ce qui les rend plus riches et plus feuilletés. Le chef Todd English remplace ici les raisins secs pas des canneberges séchées.

• Pour préparer la pâte : Dans un grand bol, mélanger le beurre et le fromage à la crème. Battre avec le batteur électrique jusqu'à consistance homogène. Incorporer lentement le sel et la farine en remuant juste assez pour obtenir une pâte homogène souple et collante. Diviser la pâte en 4 morceaux de même grosseur. Mettre chaque morceau sur un morceau de pellicule plastique, presser pour former un cercle et bien couvrir. Conserver dans le réfrigérateur toute la nuit.

• Pour préparer la garniture : Préchauffer le four à 180 °C (350 °F). Étendre les noisettes sur une plaque à pâtisserie ou dans un moule peu profond. Faire griller légèrement au four de 8 à 10 min, en remuant une ou deux fois, jusqu'à ce qu'elles dégagent tout leur arôme. Laisser refroidir un peu avant de hacher finement. Réduire la température du four à 160 °C (325 °F). Couvrir une plaque à pâtisserie avec du papier parchemin.

• Faire fondre le beurre dans une petite casserole ou dans le four à micro-ondes. Laisser refroidir un peu. Dans un grand bol, mélanger les noisettes, les canneberges, le sucre granulé, la cassonade, le sel et la cannelle. Bien remuer. Ajouter le beurre fondu et remuer pour humecter les ingrédients. Diviser en 4 portions de même grosseur.

• Pour assembler et cuire les rugalach : Étendre une fine couche de sucre granulé sur un plan de travail propre. Prendre un cercle de pâte dans le réfrigérateur et le mettre sur le plan de travail. Rouler en formant un cercle de 17 à 20 cm (7 à 8 po) de diamètre. Étendre uniformément une portion de la garniture sur le dessus. À l'aide d'un grand couteau ou d'une roulette à pizza, découper la pâte en 8 pointes. Rouler chaque pointe, du côté le plus large vers la pointe. (Au besoin, décoller la pâte à l'aide d'une spatule mince. Ne pas trop travailler la pâte sinon elle sera trop molle pour être roulée. Si c'est le cas, la laisser raffermir environ 5 min dans le réfrigérateur.) Mettre les rugalach sur la plaque à pâtisserie, ouverture vers le fond, en laissant au moins 2,5 cm (1 po) entre eux. Leur donner la forme d'un croissant. Faire de même avec la pâte et la garniture restantes en ajoutant du sucre sur le plan de travail au besoin.

• Cuire au four de 25 à 30 min, jusqu'à ce que le dessous soit doré et que le dessus perdre son aspect humide. Laisser refroidir sur les plaques. Conserver jusqu'à 2 jours à la température ambiante dans un contenant hermétique.

INGRÉDIENTS

PÂTE

- 240 g (1 tasse) de beurre non salé, à la température ambiante
- 240 g (8 oz) de fromage à la crème, à la température ambiante
- 1/2 c. à café (1/2 c. à thé) de gros sel
- 405 g (2 1/4 tasses) de farine

GARNITURE

- 120 g (1 tasse) de noisettes, hachées
- 7 c. à soupe de beurre non salé
- 90 g (3/4 tasse) de canneberges sucrées séchées, hachées
- 120 g (1/2 tasse) de sucre granulé
- 60 g (1/4 tasse) de cassonade pâle bien tassée
- 1/4 c. à café (1/4 c. à thé) de gros sel
- 1/4 c. à café (1/4 c. à thé) de cannelle moulue
- Sucre granulé pour rouler

Biscotti aux canneberges et aux noix

Donne environ 60 biscotti

INGRÉDIENTS

- 160 g (1 1/3 tasse) de noix, tranchées
- 80 g (2/3 tasse) de noix, moulues
- 540 g (3 tasses) de farine
- 2 c. à café (2 c. à thé) de levure chimique
- 1/4 c. à café (1/4 c. à thé) de sel
- 80 g (2/3 tasse) de canneberges sucrées séchées
- 300 g (1 1/4 tasse) de sucre
- 3 œufs
- 1 c. à café (1 c. à thé) de zeste d'orange, râpé
- 120 g (1/2 tasse) de beurre non salé, fondu

PRÉPARATION

Le mot biscotti signifie « cuit deux fois » en italien. On fait d'abord cuire la pâte en forme de bûche, puis on la découpe en biscuits que l'on fait cuire à nouveau. Assurez-vous que les bûches ont suffisamment de place pour prendre de l'expansion sur la plaque la pâtisserie. Il est plus facile de les couper avec un couteau à pain pendant qu'elles sont encore chaudes.

• Préchauffer le four à 180 °C (350 °F). Étendre les noix tranchées et les noix moulues séparément sur une plaque à pâtisserie ou dans un moule peu profond. Faire griller légèrement au four de 5 à 10 min, en remuant une ou deux fois, jusqu'à ce qu'elles dégagent tout leur arôme. Laisser refroidir. Augmenter la température du four à 190 °C (375 °F). Couvrir une plaque à pâtisserie avec du papier parchemin ou vaporiser avec de l'huile végétale.

• Dans un grand bol, fouetter ensemble les noix moulues, la farine, la levure chimique et le sel. Incorporer les noix tranchées et les canneberges.

• Dans un autre grand bol, battre le sucre, les œufs et le zeste d'orange environ 2 min à l'aide du batteur électrique, à vitesse moyenne-élevée, jusqu'à consistance légère et duveteuse. Incorporer le beurre fondu en battant. Incorporer les ingrédients secs et bien remuer. Former deux bûches de 40 cm (16 po) avec la pâte. Mettre les bûches sur la plaque à pâtisserie en laissant au moins 8 cm (3 po) entre elles et les aplatir délicatement avec la paume. Cuire au four environ 30 min, jusqu'à ce que les bûches brunissent légèrement et que le centre rebondisse au toucher. Réduire la température du four à 160 °C (325 °F).

• Mettre les bûches sur un plan de travail propre. Découper diagonalement en tranches de 12 mm (1/2 po). Mettre les tranches, face coupée vers le fond, sur des plaques à pâtisserie. Cuire au four environ 15 min, jusqu'à ce que les biscotti soient croquants et dorés. Laisser refroidir complètement sur une grille. Conserver jusqu'à 10 jours à la température ambiante dans un contenant hermétique.

Biscuits froids à la cassonade et aux amandes

Donne environ 48 biscuits

INGRÉDIENTS

- 180 g (1 1/2 tasse) d'amandes, tranchées
- 405 g (2 1/4 tasses) de farine
- 1/2 c. à café (1/2 c. à thé) de bicarbonate de soude
- 1/2 c. à café (1/2 c. à thé) de sel
- 240 g (1 tasse) de beurre non salé, à la température ambiante
- 135 g (3/4 tasse) de sucre glace
- 120 g (1/2 tasse) de cassonade foncée bien tassée
- 1 œuf
- 2 c. à café (2 c. à thé) d'extrait de vanille
- 1/4 c. à café (1/4 c. à thé) d'extrait d'amande

PRÉPARATION

La pâte au beurre, à la cassonade et aux amandes se conserve bien dans le réfrigérateur ou le congélateur. Vous pouvez la couper en tranches et la cuire au four en un clin d'œil. Ces biscuits froids sont certainement meilleurs que ceux que l'on achète à l'épicerie.

• Préchauffer le four à 180 °C (350 °F). Étendre les amandes sur une plaque à pâtisserie ou dans un moule peu profond. Faire griller légèrement au four de 5 à 10 min, en remuant une ou deux fois, jusqu'à ce qu'elles dégagent tout leur arôme. Laisser refroidir.

• Dans un petit bol, fouetter ensemble la farine, le bicarbonate de soude et le sel.

• Dans un grand bol, mélanger le beurre, le sucre glace et la cassonade. Battre environ 2 min à l'aide du batteur électrique, à vitesse moyenne-élevée, jusqu'à consistance légère et crémeuse. Ajouter l'œuf, la vanille et l'extrait d'amande. Battre de 1 à 2 min pour obtenir un mélange léger et duveteux. Incorporer la farine et remuer juste assez pour obtenir une pâte homogène. Incorporer les amandes. Mettre la pâte sur une feuille de pellicule plastique de 45 cm (18 po) au moins. Façonner la pâte en un cylindre de 30 à 36 cm (12 à 14 po) de long. Bien envelopper et bien refermer les bouts. Laisser raffermir au moins 4 h et jusqu'à 2 jours dans le réfrigérateur. Congeler si on ne compte pas utiliser la pâte avant plusieurs jours.

• Préchauffer le four à 180 °C (350 °F). Couvrir deux plaques à pâtisserie avec du papier parchemin ou vaporiser avec de l'huile végétale. À l'aide d'un petit couteau bien affûté, découper le cylindre horizontalement en tranches de 6 mm (1/4 po). (Pour maintenir la forme ronde du cylindre, le faire tourner d'un quart de tour à toutes les 6 tranches.) Mettre les tranches sur les plaques à pâtisserie en laissant au moins 2,5 cm (1 po) entre elles. Cuire au four de 10 à 12 min, jusqu'à ce que les bords commencent à brunir. Laisser reposer 2 min sur les plaques avant de laisser refroidir complètement sur des grilles. Conserver jusqu'à 5 jours à la température ambiante dans un contenant hermétique.

VARIANTE

Biscuits froids au chocolat et aux amandes

• Remplacer 90 g (1/2 tasse) de farine par 45 g (1/2 tasse) de poudre de cacao non sucrée.

Brownies aux pacanes

24 brownies

INGRÉDIENTS

- 240 g (2 tasses) de pacanes
- 240 g (1 tasse) de beurre non salé, en morceaux
- 240 g (8 oz) de chocolat non sucré, grossièrement haché
- 840 g (3 ½ tasses) de sucre
- 5 œufs
- 1 c. à soupe d'extrait de vanille
- 60 ml (¼ tasse) d'espresso ou autre café, à la température ambiante
- 270 g (1 ½ tasse) de farine
- ¼ c. à café (¼ c. à thé) de sel

PRÉPARATION

Ces brownies au chocolat, au café et aux pacanes ne ressemblent en rien aux brownies habituels. Si vous souhaitez en faire un gâteau à la crème glacée, démoulez le gâteau et coupez-le horizontalement en deux. Étendez 475 ml (16 oz) de crème glacée à la vanille légèrement ramollie sur une moitié et couvrez avec l'autre moitié. Enveloppez le gâteau dans de la pellicule plastique et congelez-le. Avant de servir, nappez-le avec le glaçage de la Torte royale (p. 129). Une excellente idée pour les anniversaires! N'oubliez surtout pas les chandelles...

• Préchauffer le four à 180 °C (350 °F). Étendre les pacanes sur une plaque à pâtisserie ou dans un moule peu profond. Faire griller légèrement au four de 7 à 10 min, en remuant une ou deux fois, jusqu'à ce qu'elles dégagent tout leur arôme. Laisser refroidir. Augmenter la température du four à 190 °C (375 °F). Beurrer généreusement un moule de 23 x 33 cm (9 x 13 po). Fariner et laisser tomber l'excédent de farine.

• Dans la partie supérieure d'un bain-marie ou dans un bol résistant à la chaleur qui tient parfaitement au-dessus d'une casserole contenant 5 cm (2 po) d'eau chaude, faire fondre le beurre et le chocolat en remuant jusqu'à consistance onctueuse. (Ou faire chauffer le beurre et le chocolat de 1 à 3 min dans un grand bol placé dans le four à micro-ondes à allure maximale. Remuer après chaque minute.) Retirer du feu et laisser tiédir de 5 à 10 min.

• Dans un grand bol, mélanger le sucre, les œufs et la vanille. Battre environ 2 min à l'aide du batteur électrique, à vitesse moyenne-élevée, jusqu'à consistance légère et duveteuse. Incorporer le chocolat fondu et bien remuer. Incorporer le café. Ajouter la farine et le sel et remuer pour obtenir un mélange lisse. Incorporer les pacanes.

• Verser la pâte dans le moule et égaliser le dessus. Cuire au four de 35 à 40 min, jusqu'à ce que le dessus perde son aspect humide et qu'un cure-dent inséré au bord sorte nappé de chocolat humide. Laisser refroidir complètement sur une grille. Couvrir avec de la pellicule plastique et laisser reposer à la température ambiante toute la nuit avant de découper en carrés de 5 cm (2 po). On peut aussi les laisser refroidir 1 h dans le réfrigérateur ou 30 min dans le congélateur avant de les découper. Servir à la température ambiante. Ces brownies se conservent jusqu'à 5 jours à la température ambiante dans un contenant hermétique.

INGRÉDIENTS

- 120 g (1 tasse) de noix, hachées
- 90 g (1/2 tasse) de farine
- 1/4 c. à café (1/4 c. à thé) de bicarbonate de soude
- 1/4 c. à café (1/4 c. à thé) de sel
- 240 g (1 tasse) de cassonade foncée ou pâle bien tassée
- 1 c. à café (1 c. à thé) d'extrait de vanille
- 1 œuf

Carrés aux noix

PRÉPARATION

Donne 16 carrés

Les enfants s'amuseront à les faire et les adultes se plairont à les manger. Ne croyez pas que vous avez échoué si les carrés aux noix ne semblent pas assez cuits à la sortie du four. Le dessus et le dessous deviendront plus fermes et plus croquants et le centre sera plus mou lorsque les carrés seront refroidis. Servez-les avec un café bien corsé.

• Préchauffer le four à 180 °C (350 °F). Étendre les noix sur une plaque à pâtisserie ou dans un moule peu profond. Faire griller légèrement au four de 8 à 10 min, en remuant une ou deux fois, jusqu'à ce qu'elles dégagent tout leur arôme. Laisser refroidir. Garder le four allumé à 180 °C (350 °F).

• Couvrir un moule de 20 x 20 cm (8 x 8 po) avec une feuille de papier d'aluminium de 40 cm (16 po). Presser le papier fermement pour qu'il tienne bien et laisser pendre l'excédent de chaque côté. Vaporiser généreusement avec de l'huile végétale.

• Dans un petit bol, fouetter ensemble la farine, le bicarbonate de soude et le sel. Dans un bol moyen, mélanger la cassonade, la vanille et l'œuf jusqu'à consistance onctueuse. Incorporer lentement la farine et bien remuer. Incorporer les noix ; la pâte sera plutôt dure. Étendre uniformément dans le moule.

• Cuire au four de 20 à 22 min, jusqu'à ce que les bords brunissent légèrement et que le dessus perde son aspect humide. (Le centre semblera mou et pas assez cuit, mais il raffermira en refroidissant.) Laisser refroidir complètement sur une grille.

• Saisis l'excédent de papier qui dépasse de chaque côté du moule et soulever le carré d'une seule pièce pour le poser sur un plan de travail. À l'aide d'un couteau long et bien affûté, découper en carrés de 5 cm (2 po). Débarrasser les carrés de toute trace de papier d'aluminium et servir à la température ambiante. Ces carrés se conservent jusqu'à 5 jours à la température ambiante dans un contenant hermétique.

Gâteau aux trois amandes

8 portions

Les amandes moulues et la pâte d'amandes donnent à ce gâteau sa souplesse tandis que les amandes tranchées le rendent légèrement croquant. Il sera encore meilleur si vous le faites deux jours à l'avance. Servez-le avec une compote de fruits ou une sauce faite avec des framboises fraîches ou congelées réduites en purée et passées au tamis. Saupoudrez-le avec du sucre glace avant de servir.

Ingrédients

- 105 g (1/2 tasse + 3 c. à soupe) d'amandes tranchées
- 60 g (1/2 tasse) d'amandes effilées
- 180 g (3/4 tasse) de sucre
- 180 g (1 tasse) de farine
- 1 c. à café (1 c. à thé) de levure chimique
- 1/2 c. à café (1/2 c. à thé) de sel
- 180 g (3/4 tasse) de beurre non salé, à la température ambiante
- 210 g (7 oz) de pâte d'amandes, en morceaux de 12 mm (1/2 po)
- 1 c. à café (1 c. à thé) d'extrait de vanille
- 4 œufs

Préparation

- Préchauffer le four à 180 °C (350 °F). Étendre 60 g (1/2 tasse) d'amandes tranchées sur une plaque à pâtisserie ou dans un moule peu profond. Faire griller légèrement au four de 5 à 10 min, en remuant une ou deux fois, jusqu'à ce qu'elles dégagent tout leur arôme. Laisser refroidir. Garder le four allumé à 180 °C (350 °F).

- Beurrer ou vaporiser avec de l'huile végétale 8 moules à pains individuels de 10 x 5 x 2 cm (4 x 2 x 3/4 po) ou un moule à gâteau de 23 cm (9 po). Couvrir le fond avec du papier parchemin ou du papier ciré (sulfurisé). Beurrer le papier, fariner et laisser tomber l'excédent de farine.

- À l'aide du robot de cuisine, mélanger les amandes effilées avec 2 c. à soupe de sucre. Faire fonctionner et arrêter l'appareil à quelques reprises pour réduire en fine poudre. Dans un bol moyen, fouetter ensemble la farine, la levure chimique et le sel. Incorporer les amandes moulues et réserver.

- À l'aide du robot de cuisine, mélanger le sucre restant (10 c. à soupe), le beurre, la pâte d'amandes et la vanille. Bien mélanger. Incorporer les œufs, un à la fois, en battant après chaque addition. Incorporer la préparation d'amandes moulues. Retirer la lame du robot et verser dans un bol moyen. À l'aide d'une spatule en caoutchouc, incorporer les amandes tranchées restantes (3 c. à soupe).

- Cuire au four de 20 à 25 min pour les moules à pains individuels ou de 35 à 40 min pour un grand moule à gâteau, jusqu'à ce que le dessus soit doré et qu'un cure-dent inséré au centre ressorte propre. Laisser refroidir 10 min avant de démouler sur une grille. Laisser refroidir complètement avant de servir. Ce gâteau se conserve jusqu'à 5 jours à la température ambiante dans un contenant hermétique.

INGRÉDIENTS

- 60 g (½ tasse) d'amandes
- 60 g (½ tasse) de pacanes
- 60 g (½ tasse) de noix
- 3 c. à soupe de noix, moulues
- 240 g (8 oz) de chocolat mi-amer ou mi-sucré, haché
- 120 g (½ tasse) de sucre
- 1 c. à soupe de zeste d'orange, râpé
- 6 œufs, séparés
- 1 c. à soupe d'extrait de vanille
- Une pincée de sel

GLAÇAGE

- 180 g (6 oz) de chocolat mi-amer ou mi-sucré, haché
- 2 c. à soupe d'huile de noix

PRÉPARATION

Torte royale

8 à 10 portions

Cette torte à base d'amandes, de pacanes, de noix, de chocolat et d'œufs est une aventure gastronomique en soi. Vous pouvez couvrir la torte entière avec le glaçage avant de la découper ou, si vous préférez, la napper dans les assiettes une fois servie en pointes. Décorez-la avec de la crème fouettée et du zeste d'orange. Conservez le glaçage restant dans le réfrigérateur et réchauffez-le au-dessus d'une casserole d'eau chaude au moment de l'utiliser.

• Pour préparer la torte : Préchauffer le four à 180 °C (350 °F). Étendre les amandes, les pacanes et les noix sur une plaque à pâtisserie ou dans un moule peu profond. Faire griller légèrement au four de 7 à 12 min, en remuant une ou deux fois, jusqu'à ce qu'elles dégagent tout leur arôme. Laisser refroidir. Réserver 60 g (½ tasse) et hacher grossièrement le reste. Garder le four allumé à 180 °C (350 °F).

• Beurrer ou vaporiser avec de l'huile végétale un moule à gâteau de 23 cm (9 po) de diamètre. Couvrir le fond avec un cercle de papier parchemin ou de papier ciré (sulfurisé). Beurrer le papier et le couvrir uniformément avec les noix hachées réservées.

• À l'aide du robot de cuisine, faire fonctionner et arrêter l'appareil à quelques reprises pour moudre finement les amandes, les pacanes et les noix grillées, le chocolat, 60 g (¼ tasse) de sucre et le zeste d'orange. Ajouter les jaunes d'œufs, la vanille et le sel. Bien mélanger.

• Dans un grand bol, battre les blancs d'œufs à l'aide du batteur électrique jusqu'à ce qu'ils soient mousseux et aient quadruplé de volume. Incorporer lentement le sucre restant. Battre jusqu'à la formation de pics mous. Verser environ le quart des blancs d'œufs battus dans le bol du robot de cuisine contenant le chocolat et bien mélanger.

• Verser la préparation au chocolat sur les blancs d'œufs restants. Remuer jusqu'à ce qu'il ne reste plus aucune trace visible de blanc d'œuf. Verser dans le moule. Cuire au four environ 30 min, jusqu'à ce que le dessus soit ferme et qu'un cure-dent inséré au centre ressorte propre. Laisser le moule 15 min sur une grille avant de démouler la torte. Retirer le papier et laisser refroidir complètement.

• Pour préparer le glaçage : Dans la partie supérieure d'un bain-marie ou dans un bol résistant à la chaleur qui tient parfaitement au-dessus d'une casserole contenant 5 cm (2 po) d'eau chaude, faire fondre le chocolat jusqu'à consistance lisse. Retirer du feu et laisser refroidir jusqu'à consistance d'une crème épaisse. Incorporer délicatement l'huile de noix.

• Couvrir généreusement la torte avec le glaçage. Décorer avec les noix réservées (60 g/½ tasse). (On peut aussi verser tout le glaçage sur la torte et napper celle-ci uniformément à l'aide d'une spatule métallique.)

Gâteau divin au chocolat et aux pacanes

6 à 8 portions

PRÉPARATION

Ce gâteau ressemble à un soufflé manqué parce qu'il « retombe », mais il n'en est pas moins extraordinaire. En Californie, on prétend qu'il provoque un véritable tremblement de terre dans la bouche...

• Préchauffer le four à 180 °C (350 °F). Étendre les pacanes sur une plaque à pâtisserie ou dans un moule peu profond. Faire griller légèrement au four de 7 à 10 min, en remuant une ou deux fois, jusqu'à ce qu'elles dégagent tout leur arôme. Beurrer ou vaporiser avec de l'huile végétale un moule à parois amovibles de 20 cm (8 po) de diamètre. Fariner et laisser tomber l'excédent de farine.

• À l'aide du robot de cuisine, moudre finement les pacanes avec 240 g (1 tasse) de sucre granulé en faisant fonctionner et en arrêtant l'appareil à quelques reprises. Tamiser la poudre de cacao dans le bol du robot. Ajouter les jaunes d'œufs, la liqueur, le beurre, la vanille et le sel. Bien mélanger et racler les parois du bol une ou deux fois pendant l'opération.

• Dans un grand bol, battre les blancs d'œufs à l'aide du batteur électrique jusqu'à ce qu'ils soient mousseux et aient quadruplé de volume. Incorporer lentement le sucre restant. Battre jusqu'à la formation de pics mous. Verser environ le quart des blancs d'œufs battus dans le bol du robot de cuisine contenant le cacao et bien mélanger.

• Verser la préparation au cacao sur les blancs d'œufs restants. Remuer jusqu'à ce qu'il ne reste plus aucune trace visible de blanc d'œuf.

• Verser dans le moule et égaliser le dessus à l'aide d'une spatule. Cuire au four de 40 à 50 min, jusqu'à ce que le dessus soit gonflé et craquelé. (Le centre semblera mou et pas assez cuit, mais il raffermira en refroidissant. Le gâteau s'affaissera légèrement.)

• Laisser refroidir complètement sur une grille et baisser les parois du moule. Saupoudrer de poudre de cacao avant de servir.

INGRÉDIENTS

- 120 g (1 tasse) de pacanes
- 300 g (1 1/4 tasse) de sucre granulé
- 66 g (3/4 tasse) de poudre de cacao non sucrée
- 5 œufs, séparés, à la température ambiante
- 125 ml (1/2 tasse) de liqueur de café (kahlua, etc.) ou autre liqueur au choix
- 80 g (1/3 tasse) de beurre non salé, fondu
- 2 c. à café (2 c. à thé) d'extrait de vanille
- 1/2 c. à café (1/2 c. à thé) de sel
- Poudre de cacao ou sucre glace pour saupoudrer

Torte aux noix, au chocolat et aux griottes

8 à 10 portions

INGRÉDIENTS

- 120 g (1 tasse) de noisettes
- 1 pot de 720 ml (24 oz) de griottes conservées dans l'eau ou le sirop
- 11 c. à soupe de sucre
- 180 g (6 oz) de chocolat mi-amer ou mi-sucré, haché
- 180 g (3/4 tasse) de beurre non salé, à la température ambiante
- 3 œufs
- 2 c. à café (2 c. à thé) d'extrait de vanille
- 180 g (1 tasse) de farine

PRÉPARATION

Aimez-vous croquer dans une cerise enrobée de chocolat? Voici notre adaptation de cette invention ingénieuse: une torte au chocolat qui renferme une couche de griottes au centre. Servez ce dessert tiède avec de la crème fouettée et un peu de noisettes grillées hachées.

• Préchauffer le four à 180 °C (350 °F). Étendre les noisettes sur une plaque à pâtisserie ou dans un moule peu profond. Faire griller légèrement au four de 10 à 12 min, en remuant une ou deux fois, jusqu'à ce qu'elles dégagent tout leur arôme. Envelopper les noisettes chaudes dans un linge propre et laisser refroidir 10 min. Frotter les noisettes avec le linge pour les débarrasser le plus possible de leur enveloppe. Laisser refroidir complètement. Garder le four allumé à 180 °C (350 °F).

• Beurrer ou vaporiser avec de l'huile végétale un moule à parois amovibles de 23 cm (9 po) de diamètre. Fariner et laisser tomber l'excédent de farine. Égoutter les griottes et jeter le liquide. Éponger avec du papier absorbant.

• Dans la partie supérieure d'un bain-marie ou dans un bol résistant à la chaleur qui tient parfaitement au-dessus d'une casserole contenant 5 cm (2 po) d'eau chaude qui mijote à peine, faire fondre le chocolat en remuant jusqu'à consistance onctueuse. Retirer du feu.

• À l'aide du robot de cuisine, moudre finement les noisettes avec 2 c. à soupe de sucre en faisant fonctionner et en arrêtant l'appareil à quelques reprises.

• Dans un grand bol, battre le sucre restant (9 c. à soupe) et le beurre de 1 à 2 min à l'aide du batteur électrique, jusqu'à consistance légère et duveteuse. Ajouter les œufs, un à la fois, en battant bien après chaque addition. Incorporer la vanille. Incorporer le chocolat fondu en battant à basse vitesse, puis la préparation aux noisettes. Incorporer la farine et battre juste assez pour obtenir une pâte homogène.

• Verser la moitié de la pâte dans le moule et égaliser le dessus à l'aide d'une spatule. Couvrir avec les griottes. Couvrir avec la pâte restante et égaliser à l'aide de la spatule. Cuire au four environ 50 min, jusqu'à ce que le dessus perde son aspect humide et qu'un cure-dent inséré au centre ressorte propre. Laisser reposer le moule sur une grille pendant 15 min. Baisser les parois du moule et laisser le gâteau refroidir sur la grille au moins 30 min de plus. Servir tiède ou à la température ambiante.

Gâteau aux carottes avec glaçage au fromage à la crème et à l'érable

12 à 16 portions

INGRÉDIENTS

- 300 g (2 ½ tasses) de noix
- 360 g (2 tasses) de farine
- 300 g (1 ¼ tasse) de sucre granulé
- 1 c. à café (1 c. à thé) de levure chimique
- 1 c. à café (1 c. à thé) de bicarbonate de soude
- 1 c. à café (1 c. à thé) de sel
- 1 c. à café (1 c. à thé) de cannelle moulue
- Une pincée de muscade fraîchement râpée
- Une pincée de clou de girofle moulu
- 360 g (2 tasses) de carottes crues, finement râpées
- 180 g (1 tasse) de raisins secs
- 185 g (8 oz) d'ananas broyés en conserve, égouttés (réserver 2 c. à soupe de jus)
- 2 c. à soupe de jus de citron fraîchement pressé
- 175 ml (¾ tasse) d'huile de noix
- 3 œufs, légèrement battus

GLAÇAGE

- 180 g (6 oz) de fromage à la crème, à la température ambiante
- 60 ml (¼ tasse) de sirop d'érable
- 1 c. à café (1 c. à thé) d'extrait de vanille
- 540 g (3 tasses) de sucre glace

PRÉPARATION

Pour un succès assuré, servez ce dessert directement dans le moule! Les raisins secs et les ananas broyés le rendent plus moelleux que le gâteau aux carottes classique. Le glaçage au fromage et au sirop d'érable est aussi moins sucré. Les noix grillées hachées lui donnent assurément beaucoup de caractère.

• Pour préparer le gâteau: Préchauffer le four à 180 °C (350 °F). Étendre les noix sur une plaque à pâtisserie ou dans un moule peu profond. Faire griller légèrement au four de 10 à 12 min, en remuant une ou deux fois, jusqu'à ce qu'elles dégagent tout leur arôme. Laisser refroidir un peu avant de hacher finement. Garder le four allumé à 180 °C (350 °F). Beurrer un moule de 23 x 33 cm (9 x 13 po).

• Dans un bol moyen, fouetter ensemble la farine, le sucre granulé, la levure chimique, le bicarbonate de soude, le sel, la cannelle, la muscade et le clou de girofle.

• Dans un grand bol, mélanger les carottes, les raisins secs, les ananas et leur jus réservé, et le jus de citron. Remuer délicatement. Incorporer l'huile et les œufs. Ajouter 240 g (2 tasses) de noix et la farine. Remuer pour obtenir une pâte homogène.

• Verser la pâte dans le moule. Cuire au four de 30 à 35 min, jusqu'à ce qu'un cure-dent inséré au centre ressorte propre. Laisser le moule reposer sur une grille pour que le gâteau refroidisse complètement avant de le couvrir de glaçage.

• Pour préparer le glaçage: Dans un bol moyen, mélanger le fromage à la crème, le sirop d'érable et la vanille. Battre jusqu'à consistance crémeuse. Incorporer lentement le sucre glace et remuer jusqu'à consistance onctueuse.

• Étendre le glaçage sur le gâteau refroidi. Décorer avec les noix restantes.

PAINS, SCONES ET MUFFINS

Plante un poirier et un noyer pour tes héritiers.

PROVERBE AMÉRICAIN DU XVIIe SIÈCLE

COMMENT EXTRAIRE L'HUILE D'UNE ORANGE

On peut maintenant trouver des huiles d'agrumes pures dans plusieurs boutiques d'aliments raffinés. Ces essences très aromatisées sont dérivées des huiles contenues dans le zeste des agrumes frais. Aucune autre huile n'est ajoutée, ce qui explique leur prix très élevé. Il faut plus de 40 oranges pour obtenir 30 ml (1 oz) d'huile. Une seule petite goutte suffit à elle seule à ajouter une saveur de fruit rafraîchissante et inégalée à un dessert.

Pain aux bananes et aux noix à l'ancienne

Donne 2 pains

INGRÉDIENTS

- 180 g (1 ½ tasse) de pacanes ou de noix
- 450 g (2 ½ tasses) de farine
- 2 c. à café (2 c. à thé) de bicarbonate de soude
- 1 c. à café (1 c. à thé) de sel
- 480 g (2 tasses) de sucre
- 240 g (1 tasse) de beurre, à la température ambiante
- 2 c. à café (2 c. à thé) d'extrait de vanille
- 4 œufs
- 4 à 6 bananes moyennes, en purée

PRÉPARATION

Ne jetez plus les bananes trop noircies qui traînent au fond de votre bol de fruits. Pelez-les, réduisez-les en purée et congelez-les pour faire ce pain riche et moelleux.

• Préchauffer le four à 180 °C (350 °F). Étendre les noix sur une plaque à pâtisserie ou dans un moule peu profond. Faire griller légèrement au four (noix : 10 à 12 min ; pacanes : 7 à 10 min), en remuant une ou deux fois, jusqu'à ce qu'elles dégagent tout leur arôme. Laisser refroidir un peu avant de hacher grossièrement. Garder le four allumé à 180 °C (350 °F). Beurrer ou vaporiser avec de l'huile végétale deux moules à pain de 12 x 22 cm (4 ½ x 8 ½ po). Fariner et laisser tomber l'excédent de farine.

• Dans un bol moyen, fouetter ensemble la farine, le bicarbonate de soude et le sel.

• Dans un grand bol, mélanger le sucre, le beurre et la vanille. Bien remuer pour obtenir un mélange sec et grumeleux. Ajouter les œufs, un à la fois, en battant bien après chaque addition. Incorporer les bananes et les noix. Incorporer la farine et bien remuer. Verser la pâte dans les moules. Cuire au four de 50 à 60 min, jusqu'à ce qu'une longue brochette ou un couteau inséré au centre ressorte propre. Laisser refroidir 15 min dans les moules avant de démouler sur une grille. Laisser refroidir complètement avant de découper en tranches.

INGRÉDIENTS

- 240 g (2 tasses) de noix, hachées
- 360 g (2 tasses) d'abricots secs, hachés
- 125 ml (½ tasse) de jus de citron fraîchement pressé
- 125 ml (½ tasse) d'eau bouillante
- 630 g (3 ½ tasses) de farine
- 120 g (1 tasse) de noix, moulues
- 4 c. à café (4 c. à thé) de levure chimique
- 1 c. à café (1 c. à thé) de sel
- 500 ml (2 tasses) de lait
- 300 g (1 ¼ tasse) de cassonade pâle ou foncée bien tassée
- 120 g (½ tasse) de beurre non salé, fondu
- 2 œufs
- 1 c. à soupe d'extrait de vanille

PRÉPARATION

Pain double noix aux abricots

Donne 2 pains

Les noix moulues donnent à ce pain une texture délicate. Les abricots secs et les noix hachées en font un délice hors du commun. Au moment de hacher les abricots secs, prenez un grand couteau et vaporisez-le légèrement avec de l'huile végétale pour empêcher les fruits de coller à la lame.

• Préchauffer le four à 180 °C (350 °F). Étendre les noix sur une plaque à pâtisserie ou dans un moule peu profond. Faire griller légèrement au four de 8 à 10 min, en remuant une ou deux fois, jusqu'à ce qu'elles dégagent tout leur arôme. Laisser refroidir. Garder le four allumé à 180 °C (350 °F). Beurrer ou vaporiser avec de l'huile végétale deux moules à pain de 12 x 22 cm (4 ½ x 8 ½ po). Fariner et laisser tomber l'excédent de farine.

• Laisser tremper les abricots dans le jus de citron et l'eau bouillante de 1 à 2 h. Dans un grand bol, fouetter ensemble la farine, les noix moulues, la levure chimique et le sel.

• Dans un autre grand bol, fouetter ensemble le lait, la cassonade, le beurre, les œufs et la vanille. Incorporer les noix, les abricots et leur liquide de trempage. Incorporer la farine et bien remuer. Verser la pâte dans les moules. Cuire au four de 55 à 65 min, jusqu'à ce qu'une longue brochette ou un couteau inséré au centre ressorte propre. Laisser refroidir 10 min dans les moules avant de démouler sur une grille. Laisser refroidir complètement avant de découper en tranches.

Gâteau à la crème sure et aux noix

12 à 16 portions *(Beth Hensperger)*

Beth Hensperger est une autorité dans l'univers gastronomique américain. Elle suggère de faire cuire ce gâteau dans un moule tubulaire ou en forme de couronne ; les morceaux n'en seront que plus appétissants. Réservez-le pour le brunch ou faites-le griller un peu et servez-le avec du beurre et de la marmelade à l'heure du thé. (Beth Hensperger)

INGRÉDIENTS

- 420 g (3 ½ tasses) de noix
- 540 g (3 tasses) de farine
- 1 c. à café (1 c. à thé) de levure chimique
- ½ c. à café (½ c. à thé) de bicarbonate de soude
- ½ c. à café (½ c. à thé) de sel
- 1 à 2 c. à soupe de zeste d'orange, finement râpé ou 1 ¼ c. à café (1 ¼ c. à thé) d'huile d'orange
- 240 g (1 tasse) de beurre non salé, à la température ambiante
- 360 g (1 ½ tasse) de sucre granulé
- 120 g (½ tasse) de cassonade pâle bien tassée
- 6 œufs
- 2 c. à café (2 c. à thé) d'extrait de vanille
- 250 ml (1 tasse) de crème sure
- 60 ml (¼ tasse) de babeurre
- Sucre glace pour saupoudrer
- Zeste d'orange, en lanières (garniture)
- Zeste d'orange, râpé (garniture)
- Noix, grillées et hachées (garniture)

PRÉPARATION

• Préchauffer le four à 180 °C (350 °F). Étendre les noix sur une plaque à pâtisserie ou dans un moule peu profond. Faire griller légèrement au four de 10 à 12 min, en remuant une ou deux fois, jusqu'à ce qu'elles dégagent tout leur arôme. Laisser refroidir un peu avant de hacher grossièrement. Garder le four allumé à 180 °C (350 °F).

• Beurrer le fond et les côtés d'un moule tubulaire de 25 cm (10 po) ou un moule en forme de couronne de 3 litres (12 tasses). (Si le moule a un fini noir, réduire la température à 160 °C/325 °F.) Fariner et laisser tomber l'excédent de farine.

• Dans un bol moyen, fouetter ensemble la farine, la levure chimique, le bicarbonate de soude, le sel et le zeste d'orange. (Si on utilise de l'huile d'orange, l'ajouter en même temps que la vanille.)

• Dans un grand bol, mélange le beurre, le sucre granulé et la cassonade. Battre environ 2 min à l'aide du batteur électrique, à vitesse moyenne-élevée, jusqu'à consistance duveteuse. Ajouter les œufs, un à la fois, en battant bien après chaque addition. Incorporer la vanille (avec l'huile d'orange s'il y a lieu). À basse vitesse, ajouter la farine en trois fois en alternant avec la crème sure et le babeurre. Augmenter la vitesse à moyenne-élevée et battre de 1 à 2 min, jusqu'à ce que la pâte soit épaisse, onctueuse et duveteuse. Incorporer les noix à l'aide d'une spatule à lame large. Verser dans le moule et égaliser le dessus avec la spatule.

• Cuire au four de 70 à 75 min, jusqu'à ce que les côtés du gâteau soient dorés et se détachent légèrement du moule. (Une brochette insérée au centre doit ressortir propre.) Mettre le moule sur une grille et laisser refroidir au moins 30 min ou toute la nuit. À l'aide d'une fine spatule métallique, détacher le gâteau des parois du moule. Démouler sur une grille et laisser refroidir complètement. (Si on fait la recette à l'avance, envelopper le gâteau hermétiquement dans de la pellicule plastique et le conserver jusqu'à 3 jours à la température ambiante.)

• Pour servir, saupoudrer de sucre glace et décorer avec du zeste d'orange en lanières, du zeste d'orange râpé et des noix hachées.

Scones au babeurre, aux pacanes et aux canneberges

16 scones

INGRÉDIENTS

- 120 g (1 tasse) de pacanes
- 540 g (3 tasses) de farine
- 2 c. à café (2 c. à thé) de levure chimique
- 1 c. à café (1 c. à thé) de bicarbonate de soude
- 1 c. à café (1 c. à thé) de sel
- 110 g (1/3 tasse + 2 c. à soupe) de sucre
- 180 g (3/4 tasse) de beurre non salé, refroidi et coupé en morceaux
- 1 c. à soupe de zeste d'orange, finement râpé
- 60 g (1/2 tasse) de canneberges sucrées séchées
- 250 ml (1 tasse) de babeurre
- 1 à 2 c. à soupe de crème fraîche épaisse (35 %)

PRÉPARATION

Vous pouvez remplacer les canneberges par des raisins secs et le zeste d'orange par du zeste de citron. Les scones peuvent être congelés sans perdre leur forme ni leur goût. Pendant l'été, coupez-les en deux et servez-les avec de la crème fouettée et des tranches de fraises sucrées.

• Préchauffer le four à 180 °C (350 °F). Étendre les pacanes sur une plaque à pâtisserie ou dans un moule peu profond. Faire griller légèrement au four de 7 à 10 min, en remuant une ou deux fois, jusqu'à ce qu'elles dégagent tout leur arôme. Laisser refroidir un peu avant de hacher grossièrement. Augmenter la température du four à 220 °C (425 °F).

• Dans un grand bol, fouetter ensemble la farine, la levure chimique, le bicarbonate de soude, le sel et 80 g (1/3 tasse) de sucre. Ajouter le beurre et le zeste d'orange. Avec le bout des doigts, deux couteaux ou le mélangeur à pâtisserie, couper le beurre dans la farine pour obtenir une farine grossière. Ajouter les pacanes, les canneberges et le babeurre. Remuer à l'aide d'une fourchette jusqu'à ce que les ingrédients secs soient humectés et que la pâte forme une boule solide.

• Renverser la pâte sur un plan de travail généreusement fariné et pétrir délicatement environ 10 fois pour la rendre lisse. Diviser la pâte en deux morceaux de même grosseur. Façonner chaque morceau en un cercle de 15 cm (6 po) de 4 cm (1 1/2 po) d'épaisseur. Badigeonner avec la crème, puis saupoudrer avec le sucre restant (2 c. à soupe). Couper chaque cercle en 8 pointes. Mettre les scones sur une plaque à pâtisserie en laissant de 6 à 8 mm (1/4 à 1/3 po) entre eux. Cuire au four de 16 à 18 min, jusqu'à ce qu'ils soient fermes et dorés. Servir les scones chauds.

LE SECRET DE LA LÉGÈRETÉ

Pour obtenir des scones légers, ne remuez pas trop la pâte et utilisez du beurre refroidi. Incorporez les ingrédients humides aux ingrédients secs en mélangeant juste assez pour obtenir une pâte lisse. Pétrissez rapidement et légèrement. Le beurre refroidi restera en morceaux et fondra en cours de cuisson en formant des petites poches d'air.

Muffins aux petits fruits et aux noix

Donne 14 à 16 muffins

PRÉPARATION

Préparez cette recette avec les noix et les fruits frais ou congelés de votre choix. Vous pouvez aussi faire des muffins miniatures en prenant toutefois soin de réduire le temps de cuisson.

• Préchauffer le four à 180 °C (350 °F). Étendre les noix sur une plaque à pâtisserie ou dans un moule peu profond. Faire griller légèrement au four de 5 à 10 min, en remuant une ou deux fois, jusqu'à ce qu'elles dégagent tout leur arôme. Laisser refroidir. Garder le four allumé à 180 °C (350 °F). Chemiser de 14 à 16 moules à muffins de 6 cm (2 1/4 po) avec des moules en papier ou les vaporiser avec de l'huile végétale.

• Dans un grand bol, fouetter ensemble la farine, la levure chimique, le bicarbonate de soude et le sel.

• Dans un autre grand bol, fouetter ensemble le babeurre, la cassonade, le beurre, les œufs et la vanille. Incorporer 60 g (1/2 tasse) de noix et les framboises. Incorporer la farine en remuant juste assez pour obtenir une pâte lisse (ne pas trop remuer). Remplir les moules aux trois quarts. Couvrir avec les noix restantes. Cuire au four de 20 à 25 min, jusqu'à ce qu'un cure-dent inséré au centre d'un muffin ressorte propre. Laisser refroidir 5 min dans les moules avant de démouler sur une grille. Servir les muffins tièdes ou à la température ambiante.

VARIANTES

Muffins aux abricots et aux amandes

• Remplacer les noix et les fruits frais par 60 g (1/2 tasse) d'amandes tranchées grillées, 180 g (1 tasse) d'abricots secs finement hachés et 45 g (1/4 tasse) de gingembre confit. Remplacer la vanille par 1/2 c. à café (1/2 c. à thé) d'extrait d'amande. Couvrir avec les amandes restantes.

Muffins aux poires et aux pacanes

• Remplacer les noix et les fruits frais par 60 g (1/2 tasse) de pacanes hachées grillées et 180 g (1 tasse) de poires séchées finement hachées.

INGRÉDIENTS

- 90 g (1/2 tasse + 2 c. à soupe) de noix tranchées
- 360 g (2 tasses) de farine
- 1 1/2 c. à café (1 1/2 c. à thé) de levure chimique
- 1 c. à café (1 c. à thé) de bicarbonate de soude
- 1/2 c. à café (1/2 c. à thé) de sel
- 175 ml (3/4 tasse) de babeurre
- 180 g (3/4 tasse) de cassonade pâle bien tassée
- 120 g (1/2 tasse) de beurre non salé, fondu
- 2 œufs
- 1 c. à café (1 c. à thé) d'extrait de vanille
- 125 g (1 tasse) de framboises, de mûres ou de bleuets frais ou congelés (non sucrés)

Muffins à la citrouille et aux noix

Donne 24 muffins

PRÉPARATION

Les épices donnent beaucoup de caractère à ces muffins. Servez-les chauds avec du beurre ou du miel servis à part.

• Pour préparer la garniture : Dans un bol moyen, fouetter ensemble la farine, le sucre granulé, la cassonade, la cannelle, le piment de la Jamaïque et le sel. Ajouter le beurre. Avec le bout des doigts, frotter la farine avec le beurre pour obtenir une farine grossière. Réserver.

• Pour préparer les muffins : Préchauffer le four à 180 °C (350 °F). Étendre les noix tranchées sur une plaque à pâtisserie ou dans un moule peu profond. Faire griller légèrement au four de 5 à 10 min, en remuant une ou deux fois, jusqu'à ce qu'elles dégagent tout leur arôme. Laisser refroidir. Garder le four allumé à 180 °C (350 °F). Chemiser 24 moules à muffins de 6 cm (2 1/4 po) avec des moules en papier ou les vaporiser avec de l'huile végétale.

• Dans un bol moyen, mélanger le sucre granulé, la farine, les noix moulues, la cannelle, le gingembre, le piment de la Jamaïque, le bicarbonate de soude et le sel. Mélanger en fouettant délicatement.

• Dans un grand bol, fouetter ensemble la citrouille, les œufs, le beurre et l'huile. Incorporer les noix tranchées grillées. Incorporer la farine en remuant juste assez pour obtenir une pâte lisse (ne pas trop remuer). Remplir les moules aux trois quarts. Couvrir avec la garniture. Cuire au four de 15 à 20 min, jusqu'à ce qu'un cure-dent inséré au centre d'un muffin ressorte propre. Laisser refroidir 5 min dans les moules avant de démouler sur une grille. Servir les muffins tièdes ou à la température ambiante.

INGRÉDIENTS

GARNITURE

- 180 g (1 tasse) de farine
- 120 g (1/2 tasse) de sucre granulé
- 120 g (1/2 tasse) de cassonade pâle ou foncée bien tassée
- 1/2 c. à café (1/2 c. à thé) de cannelle moulue
- 1/4 c. à café (1/4 c. à thé) de piment de la Jamaïque moulu
- Une pincée de sel
- 60 g (1/4 tasse) de beurre non salé, en morceaux

- 60 g (1/2 tasse) de noix tranchées
- 480 g (2 tasses) de sucre granulé
- 270 g (1 1/2 tasse) de farine
- 90 g (3/4 tasse) de noix, moulues
- 1 c. à soupe de cannelle moulue
- 1 c. à soupe de gingembre moulu
- 1/4 c. à café (1/4 c. à thé) de piment de la Jamaïque moulu
- 1 1/2 c. à café (1 1/2 c. à thé) de bicarbonate de soude
- 1 c. à café (1 c. à thé) de sel
- Environ 500 g (15 oz) de citrouille non sucrée en conserve
- 4 œufs
- 120 g (1/2 tasse) de beurre non salé, fondu
- 125 ml (1/2 tasse) d'huile de noix

Muffins aux pommes et aux noisettes

Donne 16 muffins

INGRÉDIENTS

- 120 g (1 tasse) de noisettes, hachées
- 450 g (2 ½ tasses) de farine
- 45 g (½ tasse) de son
- 1 c. à soupe de poudre de cacao non sucrée
- 1 ½ c. à café (1 ½ c. à thé) de levure chimique
- 1 c. à café (1 c. à thé) de bicarbonate de soude
- 1 c. à café (1 c. à thé) de sel
- 2 c. à café (2 c. à thé) de cannelle moulue
- Une pincée de muscade fraîchement râpée
- 360 g (2 tasses) de compote de pommes non sucrée
- 150 g (½ tasse + 2 c. à soupe) de cassonade foncée
- 2 œufs
- 60 ml (¼ tasse) d'huile de noix
- 180 g (1 tasse) de raisins secs

PRÉPARATION

La compote de pommes remplace une partie du gras dans cette recette, mais les muffins seront évidemment moins tendres. Vous aimerez peut-être remplacer les raisins secs par une pomme sure coupée en cubes. Ces muffins seront encore très bons un jour ou deux après leur cuisson.

• Préchauffer le four à 180 °C (350 °F). Étendre les noisettes sur une plaque à pâtisserie ou dans un moule peu profond. Faire griller légèrement au four de 8 à 10 min, en remuant une ou deux fois, jusqu'à ce qu'elles dégagent tout leur arôme. Laisser refroidir. Garder le four allumé à 180 °C (350 °F). Chemiser 16 moules à muffins de 6 cm (2 ¼ po) avec des moules en papier ou les vaporiser avec de l'huile végétale.

• Dans un grand bol, fouetter ensemble la farine, le son, le cacao, la levure chimique, le bicarbonate de soude, le sel, la cannelle et la muscade. Dans un autre grand bol, fouetter ensemble la compote de pommes, 60 g (½ tasse) de cassonade, les œufs et l'huile. Incorporer les noisettes et les raisins secs. Incorporer la farine en remuant juste assez pour obtenir une pâte lisse (ne pas trop remuer). Remplir les moules aux trois quarts. Couvrir avec la cassonade restante (2 c. à soupe). Cuire au four environ 25 min, jusqu'à ce que les muffins soient dorés et gonflés et qu'un cure-dent inséré au centre ressorte propre. Laisser refroidir 5 min dans les moules avant de démouler sur une grille. Servir les muffins tièdes ou à la température ambiante.

INGRÉDIENTS

- 310 ml (1 ¼ tasse) de lait chaud (43 à 46 °C/110 à 115 °F)
- 60 ml (¼ tasse) d'eau chaude (43 à 46 °C/110 à 115 °F)
- 21 g (6 ¾ c. à thé) de levure sèche active
- 120 g (½ tasse) de sucre granulé
- 1 c. à soupe d'extrait de vanille
- 2 c. à café (2 c. à thé) de sel
- 120 g (½ tasse) de beurre non salé, en morceaux, à la température ambiante
- 2 œufs
- 900 à 990 g (5 à 5 ½ tasses) de farine

GLAÇAGE

- 360 g (3 tasses) de pacanes
- 720 g (3 tasses) de cassonade foncée bien tassée
- 240 g (1 tasse) de beurre non salé
- 125 ml (½ tasse) de sirop de maïs clair
- 1 ½ c. à café (1 ½ c. à thé) de cannelle moulue
- 2 c. à café (2 c. à thé) d'extrait de vanille

Brioches aux pacanes

PRÉPARATION

Donne 18 brioches

Ces brioches bien collantes sont cuites « à l'envers », mais elles sont servies « à l'endroit » comme la fameuse tarte Tatin. Le glaçage à la cannelle et au caramel ainsi que les pacanes feront certainement succomber les plus capricieux…

• Dans un grand bol, mélanger le lait, l'eau et la levure. Remuer. Laisser reposer de 5 à 10 min, jusqu'à ce que la levure soit mousseuse. Incorporer le sucre granulé, la vanille et le sel. À l'aide d'un fouet, incorporer le beurre et les œufs jusqu'à ce que ceux-ci soient bien amalgamés (les morceaux de beurre encore visibles disparaîtront au cours des prochaines étapes).

• Incorporer en battant 450 g (2 ½ tasses) de farine. Incorporer suffisamment de la farine restante pour que la pâte forme une boule solide. Renverser la pâte sur un plan de travail fariné et pétrir 2 min. Laisser reposer 10 min. Pétrir à nouveau, en ajoutant de la farine si la pâte est collante, jusqu'à ce que la pâte soit lisse et élastique. Mettre la pâte dans un bol huilé, couvrir avec un linge et laisser lever environ 1 h dans un endroit à l'abri des courants d'air jusqu'à ce qu'elle double de volume.

• Pendant ce temps, préparer le glaçage : Préchauffer le four à 180 °C (350 °F). Étendre les pacanes sur une plaque à pâtisserie ou dans un moule peu profond. Faire griller légèrement au four de 7 à 10 min, en remuant une ou deux fois, jusqu'à ce qu'elles dégagent tout leur arôme. Laisser refroidir un peu avant de hacher grossièrement.

• Dans une grande casserole, mélanger la cassonade, le beurre, le sirop de maïs et la cannelle. Couvrir à feu moyen, en remuant, jusqu'à consistance onctueuse et que des bulles commencent à se former autour de la casserole. Incorporer la vanille.

• Beurrer deux moules de 20 x 20 cm (8 x 8 po). Étendre 250 ml (1 tasse) de glaçage dans chaque moule et couvrir avec 120 g (1 tasse) de pacanes hachées. Incorporer les pacanes restantes dans le glaçage resté dans la casserole. Réserver.

• Dégonfler la pâte et la renverser sur un plan de travail légèrement fariné. Diviser la pâte en deux morceaux de même grosseur. Rouler un morceau en formant un rectangle de 23 x 36 cm (9 x 14 po). Étendre la moitié du glaçage restant sur la pâte. Rouler la pâte comme un gâteau roulé en commençant par le côté le plus long. Sceller l'ouverture en pinçant. À l'aide d'un couteau bien affûté, découper délicatement en 9 tranches de 4 cm (1 ½ po) d'épaisseur. Mettre les tranches dans un des moules, face coupée vers le fond. Faire de même avec la pâte et le glaçage restant et remplir l'autre moule.

• Laisser lever à découvert de 40 à 60 min, jusqu'à ce que la pâte ait presque doublé de volume.

• Préchauffer le four à 190 °C (375 °F). Dans le four, mettre une plaque à pâtisserie couverte de papier d'aluminium sur la grille du bas pour recueillir les éventuelles éclaboussures de glaçage. Cuire les brioches au four de 40 à 50 min, jusqu'à ce qu'elles soient gonflées et dorées et que le glaçage soit chaud et bouillonnant. Laisser refroidir 5 min avant de renverser les moules sur deux grandes assiettes à l'épreuve de la chaleur. Attendre quelques secondes avant de soulever prudemment les moules chauds. Servir les brioches chaudes.

Pain grillé aux olives et aux noix

PRÉPARATION

Donne 2 pains de 17 cm (7 po) de diamètre environ

Les olives salées de Calamata font bonne alliance avec les noix. Cette recette donne deux beaux pains ronds croûtés que vous aimerez servir avec un bol de soupe et une salade d'épinards, d'oignons rouges, de tomates, de feta ou de fromage de chèvre.

• Préchauffer le four à 180 °C (350 °F). Étendre les noix sur une plaque à pâtisserie ou dans un moule peu profond. Faire griller légèrement au four de 10 à 12 min, en remuant une ou deux fois, jusqu'à ce qu'elles dégagent tout leur arôme. Laisser refroidir un peu avant de hacher grossièrement si désiré.

• Dans un grand bol, mélanger l'eau, le lait, l'huile d'olive, le sucre, le thym, le sel et la levure. Remuer et laisser reposer de 5 à 10 min, jusqu'à ce que la levure soit mousseuse. Ajouter la farine de blé entier et 180 g (1 tasse) de farine tout usage. Remuer jusqu'à consistance onctueuse. Incorporer les noix grillées, les noix moulues et les olives. Incorporer suffisamment de la farine tout usage restante (environ 450 g/2 ½ tasses) pour que la pâte forme une boule solide. Renverser la pâte sur un plan de travail fariné et pétrir 2 min. Laisser reposer 10 min.

• Pétrir à nouveau, en ajoutant de la farine si la pâte est collante, jusqu'à ce que la pâte soit lisse et élastique. Mettre la pâte dans un bol huilé, couvrir avec un linge et laisser lever environ 1 ¼ h dans un endroit à l'abri des courants d'air jusqu'à ce qu'elle double de volume.

• Dégonfler la pâte et la renverser sur un plan de travail légèrement fariné. Diviser la pâte en deux morceaux de même grosseur. Étirer et tapoter chaque morceau pour former un cercle lisse de 13 cm (5 po). Mettre les deux pains sur une plaque à pâtisserie couverte de papier parchemin en laissant au moins 8 cm (3 po) entre eux. Couvrir avec un linge et laisser lever environ 45 min dans un endroit chaud jusqu'à ce que la pâte ait presque doublé de volume.

• Préchauffer le four à 200 °C (400 °F). À l'aide d'un couteau bien affûté, faire un X de 12 mm (½ po) de profondeur sur chaque pain levé. Vaporiser ou badigeonner avec de l'eau froide. Cuire au four environ 50 min, en badigeonnant ou en vaporisant avec de l'eau deux fois au cours des 20 premières minutes de cuisson. La croûte doit être brune et ferme. Laisser reposer les pains sur une grille avant de les servir chauds ou à la température ambiante.

INGRÉDIENTS

- 240 g (2 tasses) de noix
- 500 ml (2 tasses) d'eau chaude (43 à 46 °C/110 à 115 °F)
- 125 ml (½ tasse) de poudre de lait écrémé
- 125 ml (½ tasse) d'huile d'olive extravierge
- 2 c. à soupe de sucre
- 1 c. à soupe de thym frais, haché ou 1 c. à café (1 c. à thé) de thym séché
- 2 c. à café (2 c. à thé) de sel
- 15 g (4 ½ c. à thé) de levure sèche active
- 360 g (2 tasses) de farine de blé entier
- 630 à 720 g (3 ½ à 4 tasses) de farine tout usage
- 60 g (½ tasse) de noix, moulues
- 90 g (¾ tasse) d'olives de Calamata, dénoyautées et coupées en tranches

Noix et autres ingrédients de base

Tous les ingrédients inclus dans ce livre ont été achetés au marché local et toutes les recettes ont été testées à la maison. Si vous ne trouvez pas certains ingrédients, n'hésitez pas à les remplacer par d'autres produits de saison. De la même manière qu'une noix peut être remplacée par une autre, il en va de même pour les fruits, les légumes et les sources de protéines. Par exemple, on peut remplacer les épinards par des feuilles de moutarde ou du chou vert frisé.

BEURRE

Les différents beurres n'ont pas tous la même teneur en sel. La plupart des recettes recommandent l'utilisation de beurre non salé, aussi connu sous le nom de beurre doux. Si vous n'avez que du beurre salé sous la main, diminuez alors la quantité de sel prescrite pour la recette.

BEURRE DE NOIX

Les beurres de noix faits à la maison sont plus frais que ceux vendus au détail. L'un de nos préférés est le beurre de pignon que l'on tartine légèrement sur des bruschetta et que l'on couvre avec quelques tranches d'olives vertes. Faites vos propres essais avec vos noix ou vos mélanges de noix préférés.

Préchauffer le four à 180 °C (350 °F). Étendre les noix sur une plaque à pâtisserie ou dans un moule peu profond. Faire griller légèrement au four de 5 à 12 min en remuant une ou deux fois. Moudre immédiatement à l'aide du robot de cuisine. Racler les parois du bol et laisser tourner le moteur de 4 à 6 min pour obtenir un beurre onctueux. (On doit parfois ajouter de 1 à 2 c. à soupe d'huile aux amandes pour obtenir un beurre onctueux.) Saler ou sucrer au goût. Pour avoir un beurre croquant, incorporer quelques noix grillées en plus.

CRÈME

La crème fraîche épaisse et la crème à fouetter sont interchangeables dans les recettes. Nous recommandons d'éviter la crème ultrapasteurisée parce qu'elle est moins fraîche et plus difficile à fouetter.

FARINE

Nous n'avons utilisé que de la farine tout usage non blanchie pour toutes les recettes.

FINES HERBES

Nous suggérons de ne prendre que des fines herbes fraîches. Si vous n'en trouvez pas, prenez des fines herbes séchées, mais ne mettez que le tiers de la quantité recommandée puisque leur goût est plus concentré.

HUILE

À moins d'une indication précise prescrivant l'utilisation d'huile d'olive extravierge, utilisez une huile d'olive douce dans les recettes exigeant de l'huile d'olive. Quand il est indiqué de prendre de l'huile végétale, optez pour de l'huile de canola, de carthame ou de maïs.

LAIT DE NOIX

Les laits de noix, faits avec des noix moulues et de l'eau, sont appréciés dans plusieurs parties du monde et servent souvent de base pour faire des sauces, des soupes et des desserts. Le lait de coco est l'un des plus connus.

Dans une casserole moyenne, mélanger 240 g (2 tasses) de noix tranchées grillées et 1 litre (4 tasses) d'eau.

Amener à ébullition et laisser reposer de 1 à 2 h. Verser dans le mélangeur et faire fonctionner l'appareil jusqu'à ce que les noix soient finement hachées. Verser dans une passoire fine.

NOIX
Une tasse de noix équivaut à environ 120 g (4 oz). Certaines noix sont plus denses que d'autres et leur poids peut varier légèrement.

ŒUFS
Toutes les recettes requièrent l'utilisation de gros œufs (catégorie AA).

POIVRE
Utilisez du poivre noir fraîchement moulu.

SEL
Quand une recette demande du gros sel, nous vous suggérons d'utiliser le sel kasher.

Bouillon de légumes

Donne environ 1,5 litre (6 tasses)

4 tomates, coupées horizontalement en deux
2 gros oignons, non pelés, coupés en quartiers
2 petites pommes de terre à pelure rouge ou blanche, coupées en deux
2 carottes, coupées en morceaux de 5 cm (2 po)
2 tiges de céleri, coupées en morceaux de 5 cm (2 po)
120 g (4 oz) de champignons
8 gousses d'ail, non pelées et écrasées avec le plat d'un couteau
4 brins de persil plat frais
1 brin de thym frais ou 1/2 c. à café (1/2 c. à thé) de thym séché
1/2 c. à café (1/2 c. à thé) de grains de poivre entiers
1 feuille de laurier
1/2 c. à café (1/2 c. à thé) de sel

• Mélanger tous les ingrédients dans une grande marmite. Ajoutez suffisamment d'eau froide pour les couvrir avec 2,5 cm (1 po) de liquide. Amener à ébullition à feu vif et écumer au fur et à mesure. Réduire le feu à chaleur moyenne-douce et laisser mijoter à découvert pendant environ 1 h, jusqu'à ce que le liquide soit réduit à 1,5 litre (6 tasses).

• Passer le bouillon dans une passoire fine et jeter les solides. Utiliser immédiatement ou couvrir et conserver jusqu'à 2 jours dans le réfrigérateur. On peut aussi le congeler dans des contenants hermétiques.

Bouillon de volaille

Donne environ 2,5 litres (10 tasses)

Quand une recette demande du bouillon de poulet ou de dinde, utilisez de préférence du bouillon non salé fait à la maison. Si vous achetez du bouillon en cubes, choisissez celui qui contient le moins de sodium et goûtez au plat que vous préparez avant d'y ajouter du sel.

1,3 kg (3 lb) de morceaux de poulet et/ou de dinde (incluant dos, cou, ailes et abattis (sauf le foie)
1 gros oignon, non pelé, coupé en deux (piquer 1 clou de girofle entier dans chaque morceau)
3 branches de céleri avec les feuilles, coupées horizontalement en deux
2 carottes moyennes, coupées en tranches épaisses
2 grosses gousses d'ail, non pelées et écrasées avec le plat d'un couteau
8 brins de persil plat frais
2 brins de thym frais ou ½ c. à café (½ c. à thé) de thym séché
½ c. à café (½ c. à thé) de grains de poivre entiers
1 feuille de laurier

• Rincer les morceaux de poulet à l'eau froide et les mettre dans une grande marmite. Ajoutez suffisamment d'eau froide pour les couvrir avec 2,5 cm (1 po) de liquide. Amener à ébullition à feu vif et écumer au fur et à mesure.

• Ajouter les ingrédients restants, couvrir à moitié et laisser mijoter à feu moyen-doux pendant 2 h.

• Passer le bouillon dans une passoire fine et jeter les solides. Laisser refroidir à la température ambiante. Conserver dans le réfrigérateur de 6 h à 3 jours. Dégraisser le bouillon en surface avant de l'utiliser immédiatement ou de le congeler dans des contenants hermétiques.

COMMENT PLIER LA PÂTE FEUILLETÉE POUR LA RECETTE DE LA P. 89

1. Rouler la pâte refroidie en formant un carré de 25 x 25 cm (10 x 10 po) ayant 6 mm (¼ po) d'épaisseur. Plier la pâte diagonalement en deux pour former un triangle. À l'aide d'un long couteau bien affûté, tailler une bandelette de 2,5 cm (1 po) le long des deux côtés qui se chevauchent en arrêtant à 2,5 cm (1 po) de la pointe du triangle qui doit demeurer intacte.

2. Déplier le triangle pour obtenir à nouveau un carré. Badigeonner légèrement avec de l'œuf battu.

3. Soulever une bandelette de pâte et la ramener diagonalement au-dessus du carré en alignant les bords. Presser délicatement pour sceller.

4. Faire la même chose avec l'autre bandelette de pâte pour former un carré dont deux des coins opposés sont surélevés en boucle. Badigeonner les bords avec de l'œuf battu. Piquer le fond à l'aide d'une fourchette pour l'empêcher de gonfler à la cuisson.

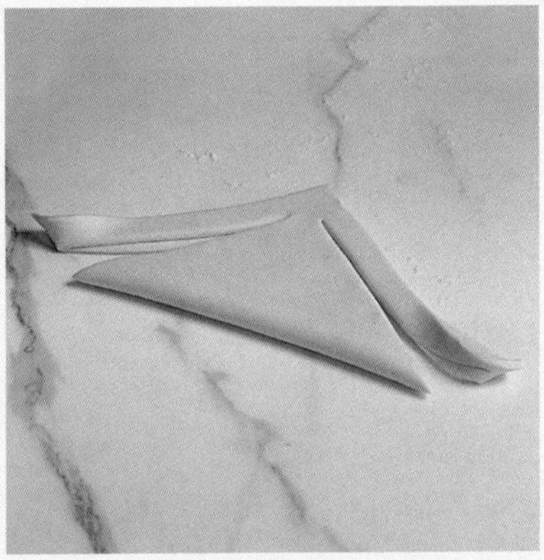
1

2

3

4

Diamond of California est en tête du peloton mondial dans le domaine de la vente de noix destinées à la cuisine. Depuis notre création en 1912 jusqu'à aujourd'hui, notre mission a toujours été de mettre sur le marché des produits de qualité et de créer des emballages utiles permettant aux noix de conserver leur goût et leurs valeurs nutritives.

Noix en écale : Diamond est un pionnier dans le développement technologique favorisant la culture et la récolte des noix. Notre logo estampé sur l'écale garantit notre engagement à vendre des produits savoureux de grande qualité.

Noix épluchées : Nous offrons nos noix, noisettes, amandes, pacanes, noix de macadam, noix du Brésil et pignons sous plusieurs formes : moulus, hachés, effilés, en tranches et en emballages de formats variés très utiles pour préparer des recettes ou à l'heure du goûter.

Nouveaux produits : Nous sommes toujours à l'affût de nouveaux produits qui offrent un grand choix à notre clientèle. Les Noix glacées (Glazed Walnuts), notre produit le plus récent, sont particulièrement appréciées dans les salades, comme garniture ou à l'heure de la collation.

Diamond Of California
1050 South Diamond St.
Stockton, California 95205
(209) 467-6000
www.diamondnuts.com

DIAMOND OF CALIFORNIA

1912 Un petit groupe de producteurs de noix forment la California Walnut Growers Association à Los Angeles.

1926 Diamond commence à vendre des noix et à faire connaître son logo.

1956 Les activités commerciales sont concentrées à Stockton, Californie.

Nouveau nom de l'entreprise : Diamond Walnut Growers, Inc.

1980 La croissance de l'entreprise a des retombées très avantageuses pour la ville et la communauté de Stockton.

1989 La nouvelle technologie au laser améliore la production et permet de garantir une qualité supérieure.

1997 Lancement de nouveaux emballages de noix particulièrement utiles pour les recettes.

1999 Croissance importante de l'entreprise : l'exportation dessert plus de 45 pays et représente 40 % des ventes totales.

Nouveau nom de l'entreprise : Diamond of California.

2000 L'entreprise devient la plus importante au monde dans le domaine de la vente de noix en écale.

XXIe siècle Diamond devient le fournisseur exclusif des équipes olympiques américaines pour 2000, 2002 et 2004 et les Jeux d'hiver de 2002.

Commercialisation des Noix glacées (Glazed Walnuts) et des Premium Walnut Halves.

Création d'un site web destiné au grand public (recettes, gamme de produits et info-santé).

Index

Remerciements

Nous remercions les chefs et les collaborateurs qui ont fourni des recettes ou des informations ayant été utilisées dans ce livre. Leur talent et leurs connaissances ont contribué de manière remarquable à la création de cet ouvrage.

Betty Fussell
Gene A. Spiller
Gary Danko
Todd English
Mark Franz
Joyce Goldstein
Beth Hensperger
Gerald Hirigoyen
Kimball Jones
Mollie Katzen
Hubert Keller
Heidi Insalata Krahling
Emily Luchetti
Nick Malgieri
Patrick O'Connell
Bradley Ogden
Roland Passot
Jacques Pépin
Charlie Trotter
Norman Van Aken
Joanne Weir
Martin Yan